Kontaktadresse nach EU-Produktsicherheitsverordnung:
produktsicherheit@fischerverlage.de

Eines langen Tages Reise in die Nacht, inzwischen ein Klassiker des modernen amerikanischen Dramas, liegt in der deutschen Übersetzung von Michael Walter vor. Eugene O'Neills berühmtes, autobiographisch gefärbtes Familiendrama zeigt von Morgen bis Mitternacht eines einzigen Tages das Leben, das Leiden der Familie Tyrone, deren Mitglieder, in ihre Neurosen eingesperrt, im Aufrollen der Vergangenheit ihr Innerstes und ihre Beziehungen zueinander enthüllen. James Tyrone, einst ein erfolgreicher Schauspieler, kann seine armselige Jugend nicht vergessen und tyrannisiert die Familie mit seinem Geiz, an dem bereits ein Sohn zugrunde gegangen ist. Das Bewusstsein dieser Schuld treibt Tyrones Frau in die Morphiumsucht. Der Sohn James wird zum Trinker und Zyniker; sein jüngerer Bruder Edmund leidet an Schwindsucht, die als Sommergrippe bagatellisiert wird. Die Ausweglosigkeit ihres Schicksals treibt diese vier Menschen in gegenseitiges Quälen, Anschuldigen, Verzeihen und zum brutalen Aussprechen der Wahrheiten, die sich jahrzehntelang hinter Lebenslügen verstecken mussten.

Eugene O'Neill kam am 16. Oktober 1888 als Sohn eines Schauspielerpaares in New York zur Welt. Erst nach einer längeren Zeit der Suche sowie Tätigkeiten als Sekretär, Goldgräber und Matrose begann er mit dem Schreiben. Nach einem gesundheitlichen Zusammenbruch 1912 und dem Aufenthalt in einem Sanatorium entstand 1913 sein erstes Stück *The Web*. Zu einem ersten Erfolg wurde sein Einakter *Unterm karibischen Mond* (1918), dem die berühmten Stücke *Trauer muß Elektra tragen, Fast ein Poet, Eines langen Tages Reise in die Nacht* und viele mehr folgten. Mit mehr als vierzig Stücken zählt Eugene O'Neill, der 1936 mit dem Nobelpreis für Literatur ausgezeichnet wurde, nicht nur zu den angesehensten, sondern auch erfolgreichsten amerikanischen Dramatikern. Er starb am 27. November 1953 in Cape Cod.

Von Eugene O'Neill erschienen außerdem im Fischer Taschenbuch Verlag: *Alle Kinder Gottes haben Flügel* (Bd. 10641), *Alle Reichtümer der Welt* (Bd. 11144), *Der Eismann kommt* (Bd. 7155), *Der große Gott Brown* (Bd. 10640), *Der haarige Affe* (Bd. 10629), *Jenseits vom Horizont* (Bd. 10642), *Hughie* (Bd. 10639), *Kaiser Jones* (Bd. 10278), *Ein Mond für die Beladenen* (Bd. 10182), *O Wildnis!* (Bd. 10471), *Seltsames Intermezzo* (Bd. 10638), *Trauer muß Elektra tragen* (Bd. 7154).

Unsere Adressen im Internet: www.fischerverlage.de, www.fischertheater.de

Eugene O'Neill

Eines langen Tages Reise in die Nacht

Schauspiel in vier Akten

Deutsch von Michael Walter

Fischer Taschenbuch Verlag

Theater
Eine Reihe des Fischer Taschenbuch Verlags

3. Auflage

© 2022 S. Fischer Verlag GmbH,
Hedderichstr. 114, 60596 Frankfurt am Main

Erstveröffentlicht im S. FischerVerlag GmbH, Frankfurt am Main,
›Meisterdramen‹, 1960, in der Übersetzung von Ursula und Oscar Fritz Schuh
Titel der amerikanischen Originalausgabe:
›Long Day's Journey into Night‹
© 1955 by Carlotta Monterey O'Neill
Für die deutsche Neuausgabe der Übersetzung von Michael Walter:
© Fischer Taschenbuch Verlag in der S. Fischer Verlag GmbH,
Frankfurt am Main 2002
Aufführungsrechte: S. FischerVerlag GmbH, Frankfurt am Main
Druck und Bindung: BoD – Books on Demand GmbH,
Norderstedt, Germany
ISBN 978-3-596-15278-0

Für Carlotta, an unserem 12. Hochzeitstag

LIEBSTE: Ich schenke Dir das Originalmanuskript dieses Stücks über einen alten Kummer, geschrieben mit Blut und Tränen. Eine völlig unpassende Gabe, so könnte es scheinen, zur Feier eines Glückstages. Du aber wirst es verstehen. Es ist als Anerkennung gedacht für Deine Liebe und Zärtlichkeit, die mir jenes Vertrauen in die Liebe gaben, das es mir ermöglichte, mich endlich mit meinen Toten auseinander zu setzen und dieses Stück zu schreiben – und zwar mit großem Mitgefühl und Verständnis und auch tiefer Vergebung für alle vier gepeinigten Tyrones.

Diese zwölf Jahre, meine Einzige Geliebte, waren eine Reise in das Licht – in die Liebe. Du kennst meine Dankbarkeit. Und meine Liebe!

GENE

Tao House
22. Juli 1941

Eines langen Tages Reise
in die Nacht

Personen

JAMES TYRONE
MARY CAVAN TYRONE, seine Frau
JAMES TYRONE JUNIOR, ihr älterer Sohn
EDMUND TYRONE, ihr jüngerer Sohn
CATHLEEN, zweites Hausmädchen

Schauplatz

Erster Akt
Wohnzimmer im Sommerhaus der Tyrones,
8 Uhr 30 an einem Augusttag 1912

Zweiter Akt
Erste Szene: desgleichen, gegen 12 Uhr 45
Zweite Szene: desgleichen, etwa eine halbe Stunde später

Dritter Akt
Desgleichen, am selben Tag gegen 18 Uhr 30

Vierter Akt
Desgleichen, gegen Mitternacht

Erster Akt

Das Wohnzimmer von James Tyrones Sommerhaus an einem Augustmorgen 1912.
Hinten zwei Flügeltüren mit Portieren. Die linke Tür führt in den Salon, der die starre Förmlichkeit eines selten benutzten Zimmers ausstrahlt. Durch die zweite gelangt man in ein dunkles, fensterloses Zwischenzimmer, das ausschließlich als Durchgang vom Wohnzimmer ins Esszimmer dient. An der Wand zwischen den Türen steht unter einem Shakespeare-Porträt ein niedriges Bücherregal mit Romanen von Balzac, Zola, Stendhal, philosophischen und soziologischen Schriften von Schopenhauer, Nietzsche, Marx, Engels, Kropotkin, Max Stirner, Dramen von Ibsen, Shaw, Strindberg, Gedichtbänden von Swinburne, Rossetti, Wilde, Ernest Dowson, Kipling usf.
An der Wand links hinten führt eine Drahtgittertür auf die Veranda, die halb um das Haus läuft. Weiter vorn geben drei Fenster den Blick frei auf den Vorgarten, den Hafen und die Hafenpromenade. Dazwischen an der Wand ein Korbtischchen und ein einfacher Eichenschreibtisch.
Rechts geht eine ähnliche Fensterreihe auf die Anlagen hinter dem Haus. Darunter steht eine Korbliege, mit dem Kopfteil nach hinten, darauf einige Kissen. Weiter hinten ein großer verglaster Bücherschrank mit Gesammelten Werken von Dumas, Victor Hugo, Charles Lever, drei Shakespeare-Ausgaben, »The World's Best Literature« in fünfzig großen Bänden, Humes »History of England«, Thiers' »History of the Consulate and Empire«, Smollets »History of England«, Gibbons »Roman Empire«, Einzelbände mit klassischen Dramen, Gedichten und verschiedenen Darstellungen der Geschichte Irlands. Erstaunlich an dieser Bibliothek ist, dass die Bücher einen viel gelesenen Eindruck machen.
Den Hartholzfußboden bedeckt fast zur Gänze ein in Farbe und Muster unauffälliger Teppich. In der Zimmermitte ein runder Tisch mit einer grün beschirmten Leselampe, deren Kabel in einem der vier An-

schlüsse des darüber hängenden Lüsters steckt. Ihr Lichtkreis reicht bis zu den vier Sesseln am Tisch, drei Korbsessel und (an der linken vorderen Tischseite) ein Schaukelstuhl aus polierter Eiche mit Ledersitzfläche.
Es ist gegen halb neun morgens. Durch die Fenster links scheint die Sonne.
Wenn der Vorhang aufgeht, hat die Familie gerade das Frühstück beendet. Mary Tyrone kommt mit ihrem Mann durch den Durchgang aus dem Esszimmer.
Mary ist 54, etwa mittelgroß. Ihre Figur ist noch immer jugendlich und anmutig, vielleicht ein bisschen mollig, aber Taille und Hüften verraten ihr Alter nicht, obwohl sie sich nicht eng geschnürt hat. Ihr Gesicht zeigt deutlich die irische Abstammung. Sie muss einmal unglaublich hübsch gewesen sein und zieht noch immer die Blicke auf sich. Das schmale und blasse Gesicht passt mit seinen markanten Konturen nicht so recht zu der kräftigen Gestalt. Die Nase ist lang und gerade, der Mund groß, mit vollen sinnlichen Lippen. Sie benutzt weder Rouge noch irgendein Make-up. Dichtes, schlohweißes Haar umrahmt die hohe Stirn, was zusammen mit der Blässe des Gesichts die braunen Augen schwarz wirken lässt. Sie sind ungewöhnlich groß und schön und haben lange, geschwungene Wimpern, darüber wölben sich schwarze Brauen.
Das Auffälligste an Mary ist jedoch ihre hochgradige Nervosität. Ihre Hände sind ständig in Bewegung. Auch sie waren einmal schön, aber das Rheuma hat die langen, schmal zulaufenden Finger verkrümmt und die Knöchel verdickt, was sie hässlich und verkrüppelt aussehen lässt. Man scheut sich davor, sie anzuschauen, umso mehr, als Mary die Verunstaltung spürbar peinlich ist, ebenso wie ihr Unvermögen, ihre Unruhe zu zügeln, durch die man auf den Makel erst aufmerksam wird. Sie ist einfach gekleidet, weiß aber sehr wohl, was ihr steht.
Auf ihre Frisur verwendet sie peinliche Sorgfalt. Ihre Stimme ist warm und sympathisch, und in fröhlicher Stimmung klingt ihr irischer Akzent durch.
Marys einnehmendste Eigenschaft ist der einfache, ungekünstelte Charme der schüchternen Klosterschülerin, eine angeborene weltfremde Unschuld, die sie nie ganz verloren hat.

James Tyrone ist 65, wirkt aber zehn Jahre jünger. Mit etwa 1,75 Körpergröße, breiten Schultern und gewölbter Brust erscheint er hoch gewachsener und schlanker durch seine Haltung, die etwas Soldatisches hat: Kopf hoch, Brust raus, Bauch rein, Schultern straff. Sein Gesicht zeigt erste Anzeichen der Zerstörung, aber er ist immer noch ein bemerkenswert gut aussehender Mann, mit einem großen, wohlgeformten Kopf, männlichem Profil und tief liegenden hellbraunen Augen. Das graue Haar hat sich am Hinterkopf zu einer Tonsur gelichtet.
Sein Beruf hat ihn unverkennbar geprägt. Er wirft sich zwar nicht absichtlich in die theatralischen Posen des Bühnenstars, denn er ist vom Wesen her, sowie aus Neigung, ein schlichter und unprätentiöser Mensch, der sich von seiner bescheidenen Herkunft und seinen bäuerlichen irischen Vorfahren nie weit entfernt hat. Aber in seine Redeweise, Bewegungen und Gesten haben sich lauter unbewusste Bühnengewohnheiten eingeschlichen: Sie wirken wie sorgfältig einstudiert. Seine Stimme ist von besonderem Wohlklang, volltönend und geschmeidig und sein ganzer Stolz.
Seine Kleidung erinnert freilich weniger an den romantischen Liebhaber. Er trägt einen schäbigen grauen, groben Leinenanzug von der Stange, glanzlose Schuhe, dazu ein kragenloses Hemd und, locker um den Hals geknotet, ein derbes, weißes Taschentuch. Er sieht darin nicht malerisch verlottert, sondern einfach bloß ärmlich aus. Nach seiner Überzeugung sollten Kleider bis zur Unbrauchbarkeit aufgetragen werden. Jetzt ist er für die Gartenarbeit angezogen, und es schert ihn einen Dreck, wie er aussieht.
Er war in seinem ganzen Leben nicht einen Tag ernsthaft krank. So etwas wie Nerven kennt er nicht. In seine sture, derbe Bäuerlichkeit mischen sich Anflüge sentimentaler Schwermut und seltene Augenblicke intuitiven Feingefühls.
Als sie aus dem Zwischenzimmer kommen, hat Tyrone seiner Frau den Arm um die Taille gelegt. Beim Betreten des Wohnzimmers zieht er sie dann neckisch an sich.

TYRONE   An dir ist ja richtig was dran, Mary, seit du die zwanzig Pfund zugelegt hast.

MARY *lächelt ihn liebevoll an* Das soll wohl heißen, ich bin zu dick geworden, Schatz. Ich muss unbedingt wieder abnehmen.
TYRONE Kommt überhaupt nicht in Frage, meine Liebe! Du bist genau richtig so. Das Wort »Abnehmen« will ich nicht gehört haben. Hast du deshalb so wenig gefrühstückt?
MARY Wenig? Ich habe doch tüchtig zugelangt.
TYRONE Von wegen. Jedenfalls nicht so herzhaft, wie ich es mir wünschen würde.
MARY *spöttisch* Ach du! Du meinst immer, alle müssten zum Frühstück solche Riesenportionen verdrücken wie du. Das schafft aber außer dir kein Mensch, ohne danach an Verdauungsstörungen zu sterben. *Sie kommt nach vorn und bleibt links neben dem Tisch stehen.*
TYRONE *geht ihr nach* So ein Vielfraß bin ich dann hoffentlich doch nicht. *Rundum zufrieden* Meinen Appetit habe ich Gott sei Dank behalten. Und mit der Verdauung klappt's bei mir so gut wie bei einem Zwanzigjährigen, dabei bin ich 65.
MARY Wohl wahr, James. Wer wollte das bestreiten.
Sie lacht und setzt sich in den Korbsessel links hinter dem Tisch. Er stellt sich hinter sie, wählt aus dem Kästchen auf dem Tisch eine Zigarre und kappt das Ende mit einem kleinen Zigarrenabschneider. Aus dem Esszimmer hört man die Stimmen von Jamie und Edmund. Mary wendet den Kopf.
Was die Jungs wohl noch im Esszimmer treiben? Cathleen möchte doch bestimmt schon längst abräumen.
TYRONE *scherzhaft, doch mit untergründiger Verstimmung* Die halten wahrscheinlich heimlich Kriegsrat. Hecken mal wieder einen Plan aus, wie sie den Alten anpumpen können, jede Wette.
Sie äußert sich nicht dazu und lauscht mit abgewandtem Kopf weiter den Stimmen der Jungs. Ihre Hände tauchen auf der Tischplatte auf und bewegen sich ruhelos. Er zündet sich die Zigarre an, setzt sich in den Schaukelstuhl links vom Tisch und pafft zufrieden vor sich hin.
Es gibt doch nichts Schöneres als die erste Zigarre nach dem Frühstück – vorausgesetzt, sie taugt was. Und diese neuen sind angenehm mild im Geschmack. Noch dazu äußerst günstig. Ich hab sie spottbillig bekommen. Den Tipp hab ich von McGuire.

MARY *bissig* Hoffentlich hat er dir nicht auch noch einen Tipp für ein neues Grundstück gegeben. Seine Immobilien-Schnäppchen sind ja weniger günstig für dich.

TYRONE *rechtfertigt sich* Das würde ich so nicht sagen, Mary. Immerhin hat er mir damals geraten, das Grundstück in der Chestnut Street zu kaufen, und das habe ich mit schönem Gewinn schnell wieder losgeschlagen.

MARY *lächelt jetzt liebevoll-spöttisch* Ich weiß. Das berühmte eine Korn, das auch ein blindes Huhn irgendwann mal findet. Das hat sich McGuire bestimmt nicht träumen lassen, dass – *Dann tätschelt sie ihm die Hand.* Lass gut sein, James. Ich weiß, es ist reine Zeitverschwendung, dich davon überzeugen zu wollen, dass du kein gerissener Immobilienspekulant bist.

TYRONE *eingeschnappt* Das bilde ich mir auch gar nicht ein. Aber Grundbesitz bleibt Grundbesitz, und der ist nun mal sicherer als die Aktien und Anleihen dieser Börsenschwindler von der Wall Street. *Dann beschwichtigend* Aber lass uns so früh am Morgen nicht schon über Geschäfte diskutieren.

Pause. Man hört wieder die Stimmen der jungen Männer, einer von ihnen bekommt einen Hustenanfall. Mary horcht besorgt hin. Ihre Finger spielen nervös auf der Tischplatte.

MARY Mit Edmund musst du mal ein ernstes Wort reden, James. Er isst einfach nicht genug. Außer Kaffee hat er kaum etwas zu sich genommen. Dabei muss er doch essen, um bei Kräften zu bleiben. Ich rede mir schon den Mund fusselig, aber er meint, er hätte eben einfach keinen Appetit. Na ja, so eine schlimme Sommergrippe kann einem schon den Appetit verderben.

TYRONE Ja, das ist ganz normal. Mach dir deswegen bloß keine Sorgen –

MARY *rasch* Aber woher denn. Wenn er sich schont, dann ist er in ein paar Tagen wieder auf dem Damm, das weiß ich ja. *Als wollte sie das Thema beenden, könnte es aber nicht.* Aber schade ist es doch, dass er ausgerechnet jetzt krank werden muss.

TYRONE Ja, das ist Pech. *Er wirft ihr einen raschen, besorgten Blick zu.* Aber du darfst dich deswegen nicht aufregen, Mary. Du selber musst dich auch schonen, vergiss das nicht.

MARY *rasch* Ich rege mich doch gar nicht auf. Dazu besteht ja auch überhaupt kein Anlass. Wie kommst du denn darauf, dass ich mich aufrege?
TYRONE Ach, nur so. Du wirkst in den letzten Tagen ein bisschen angespannt.
MARY *mit erzwungenem Lächeln* So? Unsinn, Liebling. Das bildest du dir bloß ein. *Plötzlich angespannt* Du sollst mich nicht unablässig beobachten, James. Das verunsichert mich nur.
TYRONE *legt ihr die Hand auf die nervös spielenden Finger* Aber, aber, Mary, jetzt bildest du dir etwas ein. Wenn ich dich nicht aus den Augen gelassen habe, dann doch bloß, weil du so hübsch aussiehst und richtig mollig geworden bist. *Plötzlich tief bewegt* Ich kann dir gar nicht sagen, Liebling, wie unendlich glücklich ich bin, dass wir dich jetzt wieder bei uns haben, in alter Frische, so wie früher. *Er beugt sich zu ihr und küsst sie spontan auf die Wange – dann lehnt er sich zurück. Gekünstelt* Also, Mary, mach weiter so.
MARY *mit abgewandtem Kopf* Ja, Liebling. *Sie steht unruhig auf und geht zur Fensterreihe links.* Gott sei Dank, der Nebel ist weg. *Sie dreht sich zu ihm um.* Ich fühle mich heute Morgen nicht so besonders. Ich habe letzte Nacht kaum geschlafen wegen des scheußlichen Nebelhorns.
TYRONE Ja, als wäre im Garten hinterm Haus ein kranker Walfisch gestrandet. Ich habe auch kein Auge zugemacht.
MARY *amüsiert und liebevoll* Wirklich? Das ist ja eine komische Schlaflosigkeit. Ich hätte dich nämlich fast mit dem Nebelhorn verwechselt, so laut hast du geschnarcht! *Sie geht lachend zu ihm und tätschelt ihm scherzhaft die Wange.* Dich hätten keine zehn Nebelhörner aufwecken können. Du hast eben keine Nerven. Das war schon immer so.
TYRONE *in seiner Eitelkeit gekränkt – gereizt* Blödsinn. Dauernd übertreibst du mein Schnarchen.
MARY Im Gegenteil. Du solltest dich mal selber hören, dann –
Aus dem Esszimmer erschallt Gelächter. Sie wendet lächelnd den Kopf.
Worüber lachen die bloß?

TYRONE *mürrisch* Über mich. Garantiert. Die lachen ja immer über den Alten.
MARY *hänselt ihn* Nicht wahr, es ist schrecklich, wie wir alle Schindluder mit dir treiben? Du kannst einem wirklich Leid tun! *Sie lacht. Dann vergnügt und erleichtert* Ist ja auch egal, worüber sie sich amüsieren. Hauptsache, Edmund lacht mal wieder. Er war die letzte Zeit so deprimiert.
TYRONE *ignoriert dies – ärgerlich* Die amüsieren sich über einen von Jamies Witzen, jede Wette. Dem ist ja nichts heilig.
MARY Jetzt hack doch nicht auf dem armen Jamie herum, Liebling. *Ohne Überzeugung* Der mausert sich schon noch, du wirst sehen.
TYRONE Dann muss er sich aber ranhalten. Er ist fast 34.
MARY *ignoriert dies* Meine Güte, wollen die etwa den ganzen Tag im Esszimmer bleiben? *Sie geht zur Tür des Verbindungszimmers und ruft.* Jamie! Edmund! Kommt in den Salon, damit Cathleen endlich abräumen kann.
Edmund ruft: »Gleich, Mama.«
TYRONE *murrt* Der kann anstellen, was er will, du hast immer eine Entschuldigung für ihn parat.
MARY *setzt sich neben ihn und tätschelt ihm die Hand* Pscht.
Die Söhne, James junior und Edmund, kommen grinsend und kichernd aus dem Durchgangszimmer herein, und nach einem raschen Blick auf ihren Vater wird ihr Grinsen noch breiter.
Jamie, der Ältere, ist 33. Er ist ein paar Zentimeter größer und um einiges leichter als sein Vater. Er hat von ihm den mächtigen Brustkorb und die breiten Schultern geerbt, nicht aber dessen Anmut und Haltung, ganz zu schweigen von seiner Vitalität, sodass er kleiner und stämmiger wirkt, als er eigentlich ist. Er wirkt früh gealtert. Sein immer noch ansprechendes, wenn auch etwas verlebtes Gesicht ist nie männlich schön gewesen wie das von Tyrone, auch wenn er ihm mehr ähnelt als seiner Mutter. Seine schönen braunen Augen sind weder so hell wie die des Vaters noch so dunkel wie die der Mutter. Sein Haar hat sich gelichtet, und man erkennt schon die Andeutung einer kahlen Stelle, so wie sie Tyrone hat. Er besitzt als Einziger in der Familie eine scharfe Adlernase, die ihm, zusammen mit dem habituell zynischen Gesichtsausdruck etwas Mephi-

stophelisches verleiht. In den seltenen Augenblicken, wo er nicht höhnisch lächelt, verrät sein Wesen immer noch Reste des humorvollen, romantischen und leichtsinnigen irischen Charmes eines bezaubernden Tunichtguts, mit jener gefühlvoll-poetischen Ader, die ihn für Frauen anziehend und unter Männern beliebt macht.
Er trägt einen alten Anzug aus grobem Leinen, weniger abgetragen als der seines Vaters, mit Hemd und Krawatte. Seine weiße Haut hat sich in der Sonne gerötet und Sommersprossen bekommen.
Edmund ist zehn Jahre jünger als er, eine Handbreit größer, mager und sehnig. Während Jamie dem Vater nachgeschlagen ist, fast ohne mütterlichen Anteil, ähnelt Edmund beiden Elternteilen, aber doch vorwiegend der Mutter. Von ihren großen dunklen Augen ist sein langes, schmales irisches Gesicht hauptsächlich geprägt. Sein Mund ist so übersensibel wie ihrer, und auch ihre hohe Stirn findet sich bei ihm noch übersteigert wieder. Sein Haar ist glatt zurückgekämmt, dunkelbraun, aber an den Spitzen von der Sonne ins Rötliche gebleicht. Die Nase hat er freilich vom Vater, an den er auch im Profil erinnert. Die Hände dagegen gleichen, mit ihren ungewöhnlich langen Fingern, auffallend denen der Mutter und zeigen sogar, wenn auch in geringerem Maße, deren Rastlosigkeit. Überhaupt tritt in der hochgradig nervösen Sensibilität die Ähnlichkeit zwischen Mutter und Sohn am deutlichsten hervor.
Edmund ist offensichtlich krank. Er wirkt ausgemergelt, hat einen fiebrigen Blick, eingefallene Wangen und eine trotz ihrer Bräune knittrige und fahle Haut. Er trägt Hemd und Krawatte, kein Jackett, alte Flanellhosen und braune Segeltuchschuhe.

MARY *wendet sich lächelnd zu ihnen um, mit gekünstelter Fröhlichkeit* Ich habe euren Vater gerade mit seiner Schnarcherei aufgezogen. *Zu Tyrone* Das endgültige Urteil überlasse ich den Jungs, James. Sie müssen dich schließlich auch gehört haben. Nein, Jamie, du hältst dich da raus. Du bist fast so schlimm wie dein Vater, ich hab dich über den ganzen Flur gehört. Du bist genauso wie er. Kaum hast du ein Kissen unter dem Kopf, kriegen dich keine zehn Nebelhörner mehr wach. *Sie unterbricht sich plötzlich, als sie Jamies beunruhigten, prüfenden Blick spürt. Ihr Lächeln erlischt, und sie wirkt plötzlich befangen.* Warum starrst du mich so an, Ja-

mie? *Sie greift sich mit fliegenden Fingern ins Haar.* Ist meine Frisur aufgegangen? Ich tu mich jetzt wirklich schwer, mir die Haare ordentlich aufzustecken. Meine Augen werden immer schlechter, und meine Brille finde ich sowieso nicht.
JAMIE *sieht schuldbewusst weg* Mit deinem Haar ist alles in Ordnung, Mama. Ich habe gerade nur bewundert, wie gut du aussiehst.
TYRONE Meine Rede, Jamie. So stramm und schick, wie sie jetzt daherkommt, werden wir sie bald nicht mehr bändigen können.
EDMUND Ja, du siehst wirklich phantastisch aus, Mama.
Sie ist beruhigt und lächelt ihn liebevoll an. Er zwinkert ihr zu und grinst spitzbübisch.
Und was Papas Schnarchen angeht, da hast du meine volle Unterstützung. Ein Höllenlärm!
JAMIE Ich habe ihn auch gehört. *Deklamiert wie ein Schmierenkomödiant* »Das ist der Mohr, ich kenne die Trompete.«
Mary und Edmund lachen.
TYRONE *verletzt* Wenn's dich dazu bringt, zur Abwechslung mal an Shakespeare zu denken, statt an die neuesten Tipps fürs nächste Pferderennen, werde ich mir mein Schnarchen hoffentlich nicht so bald abgewöhnen.
MARY Also, James! Jetzt sei doch nicht so empfindlich.
Jamie zuckt die Achseln und setzt sich in den Sessel links neben ihr.
EDMUND *gereizt* Ja, weiß Gott, Papa! Kaum ist das Frühstück vorbei, fängst du schon wieder damit an! Jetzt lass doch mal gut sein.
Er lässt sich in den Sessel rechts von seinem Bruder fallen. Sein Vater ignoriert ihn.
MARY *vorwurfsvoll* Dich hat dein Vater doch gar nicht kritisiert. Du musst nicht immer Jamies Partei ergreifen. So als seist du der zehn Jahre Ältere.
JAMIE *gelangweilt* Wozu die Aufregung? Vergessen wir's.
TYRONE *verächtlich* Vergessen, ja! Immer alles vergessen und bloß nicht den Tatsachen ins Auge sehen! Eine bequeme Lebensphilosophie, wenn man im Leben keinen anderen Ehrgeiz kennt, als –
MARY Jetzt sei aber still, James. *Sie legt ihm den Arm um die Schulter – redet ihm gut zu.* Du bist wohl heute Morgen mit dem falschen Fuß aufgestanden? *Zu den Söhnen, um das Thema zu wechseln*

Worüber habt ihr beim Reinkommen eigentlich so gefeixt? Was war denn so lustig?

TYRONE *sichtlich bemüht, gute Miene zu machen* Ja, weiht uns ein, Jungs. Ich habe eurer Mutter schon gesagt, dass ihr garantiert über mich gelacht habt, aber macht nichts, daran bin ich ja gewöhnt.

JAMIE *trocken* Warum siehst du mich an? Die Geschichte stammt von dem Kleinen.

EDMUND *grinst* Ich wollte es dir eigentlich schon gestern Abend erzählen, Papa, hab's aber dann irgendwie vergessen. Ich war gestern nach dem Spaziergang noch auf einen Sprung in der Kneipe –

MARY *besorgt* Du solltest jetzt nicht trinken, Edmund.

EDMUND *geht nicht darauf ein* Und wen, glaubst du, treffe ich da, blau wie ein Veilchen? Shaughnessy, den Pächter deiner Farm.

MARY *lächelnd* Ein grässlicher Kerl! Aber amüsant.

TYRONE *mürrisch* So amüsant auch wieder nicht, wenn du der Besitzer bist. Das ist ein ganz ausgekochtes irisches Schlitzohr, sag ich dir. Der kennt alle Tricks. Worüber hat er sich diesmal beschwert, Edmund? Wahrscheinlich soll ich ihm die Pacht runtersetzen. Dabei kriegt er die Farm schon fast geschenkt, bloß damit sich irgendwer drum kümmert. Und selbst das bisschen bezahlt er erst, wenn ich ihm mit Kündigung drohe.

EDMUND Er hat überhaupt nicht gemeckert. Der war so rundum zufrieden, dass er einen ausgegeben hat, und das gab's doch noch nie. Er war bester Laune, weil er sich mit deinem Freund Harker, dem Standard-Oil-Millionär, in den Haaren hatte und ihm kräftig eins ausgewischt hat.

MARY *in komischem Entsetzen* O Gott! James, du musst unbedingt etwas unternehmen –

TYRONE Der Teufel soll Shaughnessy holen!

JAMIE *boshaft* Wenn du Harker das nächste Mal im Club triffst und brav deinen Anstandsdiener machst, übersieht er dich garantiert.

EDMUND Genau. Harker wird glauben, du bist kein Gentleman, weil du einen Pächter duldest, der vor einem König von Amerika nicht auf den Knien rutscht.

TYRONE Spar dir dein sozialistisches Geschwätz. Ich hör sowieso nicht hin –

MARY *taktvoll* Erzähl weiter, Edmund.

EDMUND *grinst seinen Vater provozierend an* Also, Papa, du weißt ja, dass das Kühlbecken auf Harkers Grundstück, wo er im Winter sein Eis schlägt, direkt an die Farm grenzt. Und dass Shaughnessy Schweine züchtet, weißt du auch. Anscheinend hat der Zaun ein Loch, und die Schweine haben im Kühlbecken unseres Millionärs gebadet, und Harkers Verwalter behauptet jetzt, Shaughnessy hätte den Zaun absichtlich demoliert, um seinen Schweinen ein Gratisbad zu gönnen.

MARY *schockiert und belustigt* Ach, du meine Güte!

TYRONE *säuerlich, aber nicht ganz ohne Bewunderung* Das sieht dem Lumpen ähnlich.

EDMUND Daraufhin ist Harker höchstpersönlich angerückt, um sich Shaughnessy vorzuknöpfen. *Er kichert.* Keine besonders schlaue Idee! Damit hat er den endgültigen Beweis geliefert, dass unsere Plutokraten keine Geistesriesen sind, vor allem, wenn sie ihre Moneten bloß geerbt haben.

TYRONE *mit spontaner Anerkennung* Ja, Shaughnessy kriegt er nicht klein. *Dann knurrt er.* Behalt deine Anarchistensprüche gefälligst für dich. So was dulde ich nicht in meinem Haus. *Er ist trotzdem gespannt auf den Ausgang der Geschichte.* Und weiter?

EDMUND Harkers Chancen standen ungefähr so gut wie meine gegen Jack Johnson. Shaughnessy hatte schon gut getankt und nahm ihn am Hoftor in Empfang. Er hätte Harker erst gar nicht zu Wort kommen lassen, hat er mir erzählt, sondern gleich vom Leder gezogen, er wäre verdammt nochmal doch nicht der Sklave der Standard Oil. Sondern von Rechts wegen ein irischer König. Und Abschaum bleibe für ihn Abschaum, ganz egal, wie viel Geld solche Leute den Armen gestohlen hätten.

MARY Du meine Güte! *Sie lacht wider Willen.*

EDMUND Dann hat er Harker beschuldigt, er hätte seinen Verwalter den Zaun absichtlich demolieren lassen, um seine Schweine in das Kühlbecken zu locken und ihnen den Garaus zu machen. »Die armen Viecher!«, schrie Shaughnessy, auf den Tod hätten sie sich erkältet. Haufenweise würden sie an Lungenentzündung krepieren, und der Rest hätte von dem verseuchten Wasser die Cholera ge-

kriegt. Im Übrigen nähme er sich jetzt einen Anwalt, der würde ihn, Harker, auf Schadensersatz verklagen. Und zum krönenden Abschluss sagte er dann, mit dem Giftefeu, den Zecken, Kartoffelkäfern, Schlangen und Stinktieren, die sich auf seiner Farm breit machen, hätte er sich ja abgefunden, aber er sei doch ein grundanständiger Mensch, und irgendwo wäre auch mal Schluss, und er wolle verflucht sein, wenn er es sich auch noch bieten lassen würde, dass hier so ein Standard-Oil-Ganove unerlaubt auf seinem Grundstück herumlatscht. Harker möge also die Güte besitzen und sich mit seinen Drecksquanten vom Acker machen, andernfalls würde er ihm nämlich den Hund auf den Hals hetzen. Und Harker hat sich verkrümelt!
Er und Jamie lachen.
MARY *schockiert, aber kichernd* Gütiger Himmel, hat der Kerl ein loses Mundwerk!
TYRONE *in unüberlegter spontaner Bewunderung* Der alte Gauner! Der ist wirklich unschlagbar! *Er lacht – hält dann plötzlich inne und schimpft.* Das Schandmaul! Der bringt mich nochmal in Teufels Küche. Du hast ihm hoffentlich gesagt, dass ich stinksauer werde, wenn –
EDMUND Ich hab ihm gesagt, du würdest dich bestimmt schief lachen über diesen großen Sieg der irischen Fraktion, und das stimmt ja auch. Jetzt tu doch nicht so, Papa.
TYRONE Ich finde das überhaupt nicht komisch.
MARY *hänselt ihn* Doch, James, das tust du. Du amüsierst dich wie ein Schneekönig!
TYRONE Nein, Mary, ich habe ja wirklich nichts gegen einen Spaß, aber –
EDMUND Ich hab zu Shaughnessy gesagt, er hätte Harker noch daran erinnern sollen, dass ein Standard-Oil-Millionär einen schweinischen Beigeschmack im Eiswasser doch für ein passendes Aroma halten müsste.
TYRONE Du hast sie wohl nicht mehr alle! *Stirnrunzelnd* Komm mir mit deinem verfluchten Anarchismus bloß nicht in die Quere.
EDMUND Shaughnessy sind fast die Tränen gekommen, weil ihm das nicht selber eingefallen ist, aber er will es Harker in einem Brief

schreiben, zusammen mit ein paar anderen Beleidigungen, die er im Eifer des Gefechts vergessen hat.
Er und Jamie lachen.
TYRONE Was gibt's denn da zu lachen? Das ist absolut nicht witzig – du bist mir ein feiner Sohn, hilfst dem Schurken auch noch, mir einen Prozess anzuhängen!
MARY Verlier jetzt bitte nicht die Beherrschung, James.
TYRONE *zu Jamie* Und du bist noch schlimmer als er, stachelst ihn dauernd zu so was auf. Du wärst wohl selber gern dabei gewesen, um Shaughnessy noch ein paar besonders üble Beleidigungen zu soufflieren! Darin bist du ja Meister, wenn schon in sonst nichts.
MARY James! Du hast überhaupt keinen Grund, Jamie so anzufahren.
Jamie will seinem Vater eine höhnische Antwort erteilen, belässt es dann aber bei einem Achselzucken.
EDMUND Um Himmels willen, Papa! Wenn das jetzt wieder losgeht, verschwinde ich lieber. *Er springt auf.* Ich hab sowieso mein Buch oben vergessen. *Er geht zum Salon und sagt angewidert.* Herrgott, Papa, findest du es langsam nicht selber zum Kotzen, wie du redest –
Er geht. Tyrone sieht ihm wütend nach.
MARY Du darfst es Edmund nicht übel nehmen, James. Denk dran, es geht ihm nicht gut.
Man hört Edmund auf der Treppe husten. Mary fügt nervös hinzu.
So eine Sommergrippe macht eben jeden reizbar.
JAMIE *ernsthaft besorgt* Das ist nicht bloß eine Grippe. Der Kleine ist schwer krank.
Sein Vater wirft ihm einen scharfen, warnenden Blick zu, den er aber übersieht.
MARY *verstimmt* Warum sagst du das? Natürlich ist es bloß eine Grippe! Das merkt doch jeder! Du musst immer gleich Gespenster sehen!
TYRONE *wirft Jamie wieder einen warnenden Blick zu – unbekümmert* Jamie meint doch nur, Edmund könnte noch an irgendetwas anderem laborieren, das seine Grippe verschlimmert.
JAMIE Genau, Mama. Mehr hab ich gar nicht gemeint.
TYRONE Doktor Hardy glaubt, er könnte sich in den Tropen viel-

leicht eine leichte Malaria eingefangen haben. Die wäre mit Chinin ruckzuck kuriert.

MARY *mit feindseliger Verachtung im Blick* Dein Doktor Hardy! Kein Wort glaube ich dem, selbst wenn er auf einen ganzen Packen Bibeln schwört! Mit Ärzten kenne ich mich aus. Die sind doch alle gleich. Die erzählen einem doch, was sie wollen, bloß damit man dauernd zu ihnen rennt. *Sie verstummt plötzlich verlegen, weil sie merkt, dass alle Augen auf sie gerichtet sind. Sie fährt sich mit den Händen nervös ins Haar und zwingt sich zu lächeln.* Was ist los? Warum schaut ihr mich so an? Sind meine Haare –?

TYRONE *legt den Arm um sie und drückt sie scherzhaft an sich; mit schuldbewusster Herzlichkeit* Mit deinen Haaren ist alles in Ordnung. Je gesünder und strammer du wirst, desto eitler wirst du auch. Demnächst stehst du den halben Tag vorm Spiegel und machst dich schön.

MARY *halbwegs beruhigt* Ich brauche wirklich eine neue Brille. Meine Augen werden immer schlechter.

TYRONE *mit typisch irischer Schmeichelei* Du hast wunderschöne Augen, und das weißt du ganz genau.

Er küsst sie. Ihr Gesicht leuchtet auf in reizender, schüchterner Verlegenheit. Plötzlich und völlig überraschend erkennt man in ihrem Gesicht das Mädchen, das sie einst war, nicht als Gespenst aus der Vergangenheit, sondern immer noch lebendig.

MARY Sei doch nicht so kindisch, James. Was soll denn Jamie denken!

TYRONE Der ist dir doch auch schon längst auf die Schliche gekommen. Er weiß genau, dass du mit dem ganzen Getue wegen deiner Augen und Haare nur Komplimente einheimsen willst. Stimmt's, Jamie?

JAMIE *auch sein Gesicht hat sich aufgehellt, und als er seine Mutter liebevoll anlächelt, scheint sein einstiger jungenhafter Charme durch.* Klar. Uns kannst du nichts vormachen, Mama.

MARY *lacht* Ach, erzählt mir doch nichts, ihr zwei! *Dann mit mädchenhaftem Ernst* Aber früher, da hatte ich wirklich schöne Haare, nicht wahr, James?

TYRONE Die schönsten von der Welt!

MARY Sie hatten einen ganz ausgefallenen rotbraunen Schimmer, und sie reichten mir bis zu den Knien. Du müsstest dich eigentlich auch noch daran erinnern, Jamie. Meine ersten grauen Haare habe ich erst nach Edmunds Geburt bekommen. Dann sind sie allmählich weiß geworden. *Der mädchenhafte Ausdruck verfliegt.*
TYRONE *rasch* Und schöner denn je.
MARY *wieder verlegen und erfreut* Jetzt hör dir mal deinen Vater an, Jamie – nach 35 Ehejahren! Er ist nicht umsonst ein toller Schauspieler, was? Was ist denn mit dir los, James? Sammelst du glühende Kohlen auf mein Haupt, weil ich dich mit deinem Schnarchen aufgezogen habe? Na schön, ich nehme alles zurück. Ich habe wohl doch nur das Nebelhorn gehört.
Sie lacht, und die anderen stimmen ein.
Dann knapp und sachlich Aber ich kann euch jetzt wirklich nicht länger Gesellschaft leisten, auch wenn ihr mir noch so viel Komplimente macht. Ich muss mit der Köchin dringend das Abendessen und die Einkäufe besprechen. *Sie steht auf und seufzt scherzhaft übertrieben.* Bridget ist ein faules Stück. Und so was von raffiniert. Sie erzählt mir ewig und drei Tage von ihrer Verwandtschaft, damit ich gar nicht erst zu Wort komme und sie ausschimpfen kann. Na, je eher ich es hinter mich bringe, desto besser. *Sie geht zur Tür des Salons, dann dreht sie sich mit besorgter Miene um.* Denk dran, James, du darfst Edmund auf keinen Fall zur Gartenarbeit verdonnern. *Wieder mit sonderbar eigensinniger Miene* Kräftig genug wäre er schon, aber wenn er schwitzen muss, erkältet er sich noch mehr.
Sie geht durch die Tür des Salons ab.
TYRONE *vorwurfsvoll zu Jamie* Du bist mir vielleicht ein Hammel! Hast du denn völlig den Verstand verloren? Wir dürfen nichts über Edmund sagen, was sie noch mehr beunruhigt.
JAMIE *achselzuckend* Na schön. Wie du meinst. Ich finde es jedenfalls falsch, wenn wir tatenlos zusehen, wie Mama noch länger den Kopf in den Sand steckt. Der Schock, den sie kriegt, wenn sie die Wahrheit erfährt, wird dadurch noch größer. Außerdem siehst du ja, dass sie sich bewusst etwas vormacht mit dieser angeblichen Sommergrippe. Eigentlich weiß sie, was los ist.

TYRONE Wissen tut noch niemand was.
JAMIE Ich schon. Ich habe Edmund am Montag zu Doktor Hardy begleitet. Ich habe gehört, wie er diesen Quatsch von wegen leichter Malariaanfall abgelassen hat. Alles Ausflüchte. Daran glaubt er inzwischen selbst nicht mehr. Das weißt du so gut wie ich. Du hast doch mit ihm gesprochen, als du gestern in der Stadt warst, stimmt's?
TYRONE Er konnte noch nichts Genaues sagen. Er will mich heute anrufen, bevor Edmund zu ihm geht.
JAMIE *langsam* Er glaubt, es ist Schwindsucht, nicht wahr?
TYRONE *widerstrebend* Er kann es nicht ausschließen.
JAMIE *bewegt; man spürt die Liebe zu seinem Bruder.* Der arme Kleine! So ein Mist! *Anklagend zu seinem Vater* Wenn du ihn bei den ersten Anzeichen gleich zu einem richtigen Arzt geschickt hättest, wäre es vielleicht nie so weit gekommen.
TYRONE Was passt dir denn nicht an Hardy? Er war doch schon immer unser Hausarzt hier.
JAMIE Gar nichts passt mir an Hardy! Sogar in diesem Kaff gilt er als drittklassig! Er ist ein alter billiger Quacksalber!
TYRONE Recht so! Mach ihn nur runter! Mach nur immer alle runter! Für dich sind ja sowieso alle Hochstapler!
JAMIE *verächtlich* Hardy verlangt pro Besuch bloß einen Dollar. Deswegen hältst du ihn für einen guten Arzt!
TYRONE *tief getroffen* Das reicht! Du bist jetzt nicht betrunken! Es gibt nicht die geringste Entschuldigung – *Er reißt sich zusammen. Fast verteidigend* Falls du damit andeuten willst, ich könnte mir keinen von diesen schicken Modeärzten leisten, die die reichen Sommergäste ausnehmen –
JAMIE Von wegen nicht leisten können. Du bist einer der größten Grundbesitzer hier in der Gegend.
TYRONE Das heißt noch lange nicht, dass ich reich bin. Alles ist mit Hypotheken belastet –
JAMIE Weil du immer noch mehr kaufst, statt die Hypotheken zu tilgen. Wenn Edmund irgend so ein schäbiger Acker wäre, den du unbedingt haben wolltest, würdest du jeden Preis bezahlen!
TYRONE Das ist eine unverschämte Lüge! Genauso unverschämt wie

deine Sticheleien gegen Doktor Hardy! Der verzichtet auf jeden Firlefanz, der hat keine Praxis in einer Nobelgegend und kutschiert auch in keinem teuren Wagen durch die Stadt. Dafür und nicht für ihr Können bezahlst du nämlich diese anderen Schurken, die einem für einmal in den Hals schauen gleich fünf Dollar abknöpfen.

JAMIE *mit spöttischem Achselzucken* Was soll's. Warum diskutiere ich überhaupt mit dir. Niemand kann aus seiner Haut.

TYRONE *zunehmend wütend* Weiß Gott. Diese Lektion hast du mir wahrlich nicht erspart. Du wirst dich nie mehr ändern, diese Hoffnung habe ich längst aufgegeben. Und ausgerechnet du willst mir vorschreiben, was ich mir leisten kann? Du hast doch überhaupt keine Ahnung, was ein Dollar wert ist, und das wirst du auch nicht mehr kapieren! Du hast in deinem ganzen Leben noch keinen einzigen Dollar gespart! Am Ende jeder Spielzeit stehst du ohne einen Cent in der Tasche da! Du verpulverst deine Gage ja lieber jede Woche für Whisky und Weiber!

JAMIE Meine Gage! Du lieber Gott!

TYRONE Du verdienst immer noch mehr, als du wert bist, und ohne mich würdest du gar nichts verdienen. Wenn du nicht mein Sohn wärst, würde dir doch kein einziger Regisseur mehr eine Rolle geben – so hundsmiserabel ist dein Ruf. Und ich muss mich jedes Mal klein machen, auf Knien für dich betteln und behaupten, du hättest dich geändert, obwohl ich weiß, dass das nicht stimmt.

JAMIE Ich wollte nie Schauspieler werden. Du hast mich dazu gezwungen.

TYRONE Das ist nicht wahr! Du hast dich nie darum bemüht, etwas anderes zu finden. Du hast es mir überlassen, dir eine Anstellung zu besorgen, und ich habe nun mal bloß am Theater Einfluss. Gezwungen! Du wolltest doch immer nur in Kneipen rumlungern! Du wärst auch damit zufrieden gewesen, als ewiger Nichtstuer auf meine Kosten zu leben. Dabei habe ich Unsummen für deine Ausbildung verschwendet, mit dem einzigen Erfolg, dass du mit Schimpf und Schande von jedem College geflogen bist!

JAMIE Lieber Himmel, jetzt grab doch nicht diese alte Geschichte aus!

TYRONE Dass du jeden Sommer hier zu Hause angetanzt kommst,

um dich bei mir durchzuschnorren, das ist aber keine alte Geschichte.

JAMIE Dafür, dass ich hier wohne und esse, schufte ich ja schließlich auf deinem Grundstück. Dafür müsstest du sonst einen Arbeiter bezahlen.

TYRONE Pah! Freiwillig machst du doch keinen Finger krumm! Immer muss man dich antreiben! *Sein Ärger schwächt sich ab zu matter Klage.* Das wäre mir auch alles egal, wenn du jemals eine Spur von Dankbarkeit gezeigt hättest. Aber stattdessen verspottest du mich als miesen Geizhals, du verspottest meinen Beruf, du verspottest einfach alles und jeden auf der Welt – nur dich selbst nicht.

JAMIE *trocken* Irrtum, Papa. Du müsstest bei meinen Selbstgesprächen bloß mal dabei sein.

TYRONE *starrt ihn verblüfft an und zitiert dann mechanisch* »Undankbarkeit, du marmorherz'ger Teufel, wenn du dich zeigst im Kinde!«

JAMIE Der Spruch musste ja kommen! Mein Gott, bis zum Erbrechen –! *Er hält inne, der Streit langweilt ihn, er zuckt die Achseln.* Na schön, Papa, dann bin ich eben ein Penner. Hauptsache, die Diskussion hat ein Ende.

TYRONE *in einem entrüsteten Appell* Wenn du doch einen Funken Ehrgeiz im Leib hättest und nicht nur Flausen im Kopf! Du bist noch jung. Du kannst dir noch einen Namen machen. Du hattest das Zeug zu einem großartigen Schauspieler! Du hast es immer noch. Du bist mein Sohn –!

JAMIE Mich vergessen wir mal ganz schnell wieder. Das Thema interessiert mich nicht. Und dich auch nicht.

Tyrone gibt auf. Jamie fährt beiläufig fort.

Wie sind wir überhaupt darauf gekommen? Ach ja, Doktor Hardy. Wann wollte er dich wegen Edmund anrufen?

TYRONE Gegen Mittag. *Er hält inne. Dann sich rechtfertigend* Ich hätte Edmund zu keinem besseren Arzt schicken können. Hardy hat ihn schon als Dreikäsehoch behandelt, wenn er hier krank geworden ist. Es gibt keinen anderen Arzt, der über seinen Gesundheitszustand besser informiert ist. Geld spielt für mich dabei gar keine Rolle, auch wenn du das gerne so hindrehen möchtest. *Bitter*

Und was könnte der beste Spezialist im ganzen Land denn schon für Edmund tun? Er hat sich seine Gesundheit doch absichtlich ruiniert mit diesem irrsinnigen Leben, nach seinem Rausschmiss aus dem College. Der hat doch schon auf der Schule rumgeludert und in den Kneipen am Broadway den tollen Hecht gespielt, um deinem Vorbild nachzueifern. Aber dazu hätte er natürlich deine Konstitution gebraucht. Du bist ein robuster Kerl, genau wie ich – zumindest warst du das in seinem Alter – aber Edmund war immer schon so ein Nervenbündel wie seine Mutter. Jahrelang habe ich ihn gewarnt, dass er das körperlich nicht durchsteht, aber er wollte ja nicht hören, und jetzt ist es zu spät.

JAMIE *scharf* Was meinst du mit: zu spät? Du redest ja, als ob –

TYRONE *schuldbewusst aufbrausend* Du spinnst wohl! Ich meine nur, was sowieso jeder sieht. Er ist gesundheitlich auf dem Hund und wird vermutlich eine ganze Weile ein Pflegefall sein.

JAMIE *starrt seinen Vater an, ohne auf dessen Erklärung zu hören* Die irischen Bauern bilden sich ein, dass man an Schwindsucht stirbt, das weiß ich. Und wenn man in einer elenden Kate im Moor lebt, dann stimmt das wahrscheinlich auch, aber hier bei uns, wo es moderne Behandlungsmethoden gibt –

TYRONE Das brauchst du mir nicht zu sagen! Was redest du da überhaupt? Lass gefälligst Irland aus dem Spiel und zerreiß dir nicht dein ungewaschenes Maul über die Bauern, Moore und Katen dort! *Anklagend* Schon deinem Gewissen zuliebe solltest du möglichst wenig über Edmunds Krankheit reden! Du trägst nämlich die meiste Verantwortung.

JAMIE *tief getroffen* Das ist eine Lüge! Das lasse ich mir nicht bieten, Papa!

TYRONE Es ist die Wahrheit! Du hast einen schlechten Einfluss auf ihn gehabt! Er hat in dir von Anfang an den Helden gesehen, schon als kleiner Junge! Alle Achtung! Ein tolles Vorbild hast du ihm da gegeben! Falls er von dir jemals etwas anderes gelernt hat, als wie man auf dem schnellsten Weg in der Gosse landet, dann ist mir das bisher entgangen! Wegen dir ist er frühzeitig gealtert, du hast ihn voll gestopft mit deiner so genannten Weltklugheit, als er noch zu unreif war, um zu merken, dass dich dein eigenes Scheitern so sehr vergiftet hatte, dass du in jedem Mann nur einen käuflichen Schurken sehen wolltest und in jeder Frau, die sich nicht zur Hure hergab, eine dumme Gans!

JAMIE *matt abwehrend, gleichgültig* Na schön. Ich habe Edmund über einiges aufgeklärt, aber da hatte er sowieso schon angefangen, sich wie ein Wilder aufzuführen, und hätte mich bloß ausgelacht, wenn ich ihm mit der üblichen Tour vom großen Bruder und guten Ratschlägen gekommen wäre. Ich wollte einfach sein Kumpel werden und ganz ehrlich zu ihm sein. Er sollte aus meinen Fehlern lernen, dass – *Er zuckt die Achseln.* Zynisch – Na ja, dass man wenigstens aufpassen kann, wenn man's schon nicht schafft, anständig zu bleiben.

Sein Vater schnaubt verächtlich. Jamie ist plötzlich wirklich betroffen.

Das ist ein hundsgemeiner Vorwurf, Papa. Du weißt doch, wie sehr ich an dem Kleinen hänge und wie nah wir uns immer gewesen sind – viel näher als Brüder sonst! Ich würde alles für ihn tun.

TYRONE *beeindruckt – beschwichtigend* Du hast es wahrscheinlich nur gut gemeint, Jamie, das weiß ich. Ich habe auch nicht behauptet, du hättest ihm absichtlich schaden wollen.

JAMIE Das ist doch außerdem der reine Schwachsinn! Den zeig mir mal, der Edmund gegen seinen Willen beeinflusst. Bloß weil er nach außen so ruhig und still wirkt, glauben alle, sie könnten ihn nach Belieben herumschubsen. Aber innerlich ist er stur wie ein Maulesel, tut nur das, was er will, und kümmert sich einen Dreck um die anderen! Was kann ich denn für diese Wahnsinnstouren, die er sich in den letzten Jahren geleistet hat – wie er zum Beispiel unbedingt als Matrose in der ganzen Weltgeschichte rumschippern musste. Ich fand das absolut hirnrissig, und genau das habe ich ihm auch gesagt. Oder kannst du dir etwa vorstellen, dass ich mich irgendwo in Südamerika am Strand amüsiere oder in einer versifften Spelunke hause und Fusel in mich reinschütte? Darauf kann ich verzichten! Da ziehe ich den Broadway vor, und ein Zimmer mit Bad, und Kneipen, die echten Bourbon ausschenken.

TYRONE Du und dein Broadway! Du siehst ja, wohin der dich gebracht hat. *Mit einem Anflug von Stolz* Ganz egal, was Edmund getan hat, der hatte wenigstens den Mumm, auf eigene Faust loszuziehen, irgendwohin, wo er nicht gleich bei mir angewinselt kommen konnte, wenn er pleite war.

JAMIE *mit eifersüchtigem Hohn* Aber am Ende ist er doch immer pleite nach Hause gekommen, stimmt's? Und was hat er jetzt von seinem ewigen Rumgereise? Schau ihn dir doch an! *Plötzlich beschämt* Herrgott – das war jetzt wirklich gemein! Das ist mir so rausgerutscht.

TYRONE *will dies überhört haben* Bei der Zeitung reüssiert er doch ganz prächtig. Ich hatte schon gehofft, er hätte endlich einen Job gefunden, der ihm Spaß macht.

JAMIE *wieder mit eifersüchtigem Hohn* Bei einem Provinzkäseblatt! Ich weiß ja nicht, welchen Schmus sie dir erzählen, mir haben sie jedenfalls gesagt, als Reporter sei er eine ziemliche Null. Und wenn er nicht dein Sohn wäre – *Wieder beschämt* Nein, das stimmt nicht! Sie sind froh, dass sie ihn haben. Aber halten kann er sich da nur wegen der ausgefalleneren Sachen. Ein paar von seinen Gedichten und Parodien sind wirklich gut. *Wieder missgünstig* Aber richtig groß rauskommen wird er damit doch nie. *Hastig* Immerhin, gar nicht übel für den Anfang.

TYRONE Eben. Er hat wenigstens einen Anfang gemacht. Du hast immer nur groß getönt, dass du Journalist werden möchtest, aber den Beruf von der Pike auf lernen, das wolltest du nicht. Du hast einfach erwartet –

JAMIE Herrgott nochmal, Papa! Lass mich endlich in Ruhe!

TYRONE *starrt ihn an – schaut dann weg – nach einer Pause* So ein Pech, dass Edmund ausgerechnet jetzt krank werden muss. Einen ungünstigeren Moment hätte er sich wirklich nicht aussuchen können. *Ohne sein fast verstohlenes Unbehagen verbergen zu können, fügt er hinzu.* Auch wegen eurer Mutter. Scheußlich, dass ihr diese Aufregung jetzt nicht erspart bleibt, wo sie doch dringend ihre Ruhe und ihren Seelenfrieden braucht. Es geht ihr so gut in den zwei Monaten, seit sie wieder daheim ist. *Mit belegter, etwas bebender Stimme* Es ist der Himmel auf Erden für mich. Wir haben wieder ein richtiges Zuhause. Aber das brauche ich dir ja nicht zu sagen, Jamie.

Sein Sohn sieht ihn zum ersten Mal mit verständnisvollem Mitgefühl an. Plötzlich scheint zwischen ihnen ein tiefes Gefühl der Verbundenheit zu bestehen, in dem sich ihre Feindschaft auflöst.
JAMIE *beinahe sanft* Mir geht's genauso, Papa.
TYRONE Ja, diesmal sieht man's ihr direkt an, wie stark und selbstsicher sie sich fühlt. Sie ist wie ausgewechselt. Kein Vergleich dazu, wie sie sonst zurückkam. Sie hat sich im Griff – wenigstens war das so, bis Edmund krank wurde. Jetzt spürt man schon wieder ihre wachsende innere Anspannung und Unruhe. Wollte Gott, wir könnten ihr die Wahrheit verheimlichen, aber das ist unmöglich, wenn Edmund ins Sanatorium muss. Außerdem ist ihr Vater an Schwindsucht gestorben – das macht alles noch schlimmer. Sie hat ihn vergöttert, und sie hat seinen Tod nie verwunden. Ja, das wird entsetzlich für sie. Aber sie kann es schaffen! Die Willenskraft dazu hat sie jetzt! Wir müssen sie bloß mit allen Mitteln unterstützen, Jamie!
JAMIE *bewegt* Klar, Papa. *Zögernd* Von den Nerven mal abgesehen, fehlt ihr heute Morgen anscheinend nichts.
TYRONE *jetzt mit herzlicher Zuversicht* Es geht ihr besser denn je. Sie ist zu Späßen aufgelegt und beinahe übermütig. *Er sieht Jamie plötzlich misstrauisch an.* Warum sagst du »anscheinend«? Was soll ihr denn fehlen? Was, zum Teufel, meinst du damit?
JAMIE Kein Grund, mir gleich an die Gurgel zu springen! Mein Gott, Papa, wenigstens darüber sollten wir doch offen reden können, ohne uns zu streiten.
TYRONE Entschuldige, Jamie. *Angespannt* Nun sag schon –
JAMIE Da gibt's nichts zu sagen. Ich hab mich bestimmt getäuscht. Aber heute Nacht, da – Na, du weißt ja, wie das ist, ich kann die Vergangenheit nicht vergessen. Ich bin einfach misstrauisch. Genau wie du. *Bitter* Das ist ja das Schlimme. Und das macht es für Mama doppelt schlimm! Sie beobachtet uns dabei, wie wir sie beobachten –
TYRONE *traurig* Ich weiß. *Angespannt* Also, was war los? Jetzt mach doch endlich den Mund auf.
JAMIE Ich sag dir doch, es ist nichts. Alles bloß meine eigene Dummheit. Gegen drei Uhr früh bin ich aufgewacht und hab sie im Gästezimmer rumoren hören. Dann ist sie ins Bad gegangen. Ich hab so

getan, als würde ich schlafen. Sie ist im Flur stehen geblieben und hat gelauscht, als wollte sie sich vergewissern, dass ich auch wirklich schlafe.

TYRONE *mit gekünsteltem Spott* Lieber Himmel, und das ist alles? Sie hat mir ja selbst erzählt, dass sie wegen des Nebelhorns die ganze Nacht keine Auge zugemacht hat. Und seit Edmund krank ist, läuft sie nachts doch dauernd zu seinem Zimmer, um zu sehen, wie's ihm geht.

JAMIE *eifrig zustimmend* Genau. Das stimmt. Sie ist tatsächlich vor seinem Zimmer stehen geblieben und hat gelauscht. *Wieder zögernd* Nur, als sie dann ins Gästezimmer ging, da ist mir doch mulmig geworden. Du weißt ja, was das heißt, wenn sie sich dort allein schlafen legt –

TYRONE Diesmal nicht! Dafür gibt es eine ganz einfache Erklärung. Wohin hätte sie vor meinem Geschnarche denn sonst fliehen sollen? *Er lässt seinem aufgestauten Groll freien Lauf.* Mein Gott, du vermutest hinter allem immer nur das Schlimmste! Ich begreife nicht, wie du so leben kannst!

JAMIE *getroffen* Fang nicht damit an! Ich habe gerade gesagt, dass ich mich geirrt habe. Meinst du etwa, ich wäre darüber nicht genauso froh wie du?

TYRONE *beschwichtigend* Doch, Jamie, sicher. *Pause. Seine Miene verdüstert sich. Er spricht langsam, in abergläubischer Angst.* Es wäre für sie wie ein böser Fluch, wenn sie jetzt aus Sorge um Edmund – Als sie damals so lange krank war, nach seiner Geburt, da hat es angefangen –

JAMIE Sie konnte nichts dafür!

TYRONE Ich gebe ihr ja auch gar nicht die Schuld.

JAMIE *beißend* Wem denn dann? Edmund vielleicht, weil er geboren wurde?

TYRONE Quatsch! Niemand war schuld.

JAMIE Doch. Dieser Scheißarzt! Nach dem, was Mama erzählt hat, war das genauso ein billiger Kurpfuscher wie Hardy! Du wolltest eben kein Geld ausgeben für einen erstklassigen –

TYRONE Du lügst! *Wütend* Ich bin also der Schuldige! Darauf willst du doch hinaus, stimmt's? Du hinterhältiger Lump!

JAMIE *warnend, weil er seine Mutter im Esszimmer hört* Pst!
Tyrone steht hastig auf, geht zu den Fenstern links und sieht hinaus. Jamie spricht in völlig verändertem Tonfall. Also, wenn wir die Vorderhecke heute noch schneiden wollen, dann krempeln wir wohl mal besser die Ärmel hoch und machen uns an die Arbeit.
Mary kommt aus dem Verbindungszimmer. Sie blickt misstrauisch von einem zum anderen. Sie wirkt nervös und befangen.
TYRONE *wendet sich vom Fenster ab; mit gespielter Herzlichkeit* Ja, der Tag ist wirklich zu schön, um hier drin zu hocken und zu streiten. Schau mal aus dem Fenster, Mary. Im ganzen Hafen kein Fleckchen Nebel mehr. Den sind wir jetzt für eine Weile los.
MARY *geht zu ihm* Hoffentlich, Liebling. *Zu Jamie mit erzwungenem Lächeln* Hab ich da gerade richtig gehört, Jamie? Du willst dich auf die Hecke stürzen? Es geschehen noch Zeichen und Wunder! Du musst wohl dringend dein Taschengeld aufbessern?
JAMIE *scherzend* Wann muss ich das nicht? *Er zwinkert ihr zu mit einem spöttischen Seitenblick auf seinen Vater.* Und bis zum Wochenende hab ich mir garantiert einen harten Dollar verdient – für eine ordentliche Sauftour!
MARY *geht auf seinen Scherz nicht ein – ihre Hände spielen nervös an ihrem Kleid* Worüber habt ihr zwei euch gestritten?
JAMIE *zuckt die Achseln* Das Übliche.
MARY Du hast doch gerade was von einem Arzt gesagt, und dein Vater hat dich hinterhältig genannt.
JAMIE *rasch* Ach das. Ich hab bloß nochmal gesagt, dass ich Doktor Hardy für alles Mögliche halte, bloß nicht für einen begnadeten Arzt.
MARY *weiß, dass er lügt – unbestimmt* So. Da kann ich dir nur zustimmen. *Wechselt das Thema – mit einem gekünstelten Lächeln* Diese Bridget ist wirklich unmöglich! Ich dachte schon, ich kann mich überhaupt nicht mehr loseisen. Sie hat mir alles haarklein über ihren Vetter zweiten Grades erzählt, der in St. Louis bei der Polizei ist. *Dann nervös und gereizt* Wenn ihr euch die Hecke vornehmen wollt, warum sitzt ihr dann hier noch rum? *Hastig* Nützt doch lieber die Sonne aus, bevor wir wieder Nebel kriegen. *Eigenartig, wie im Selbstgespräch* Denn er kommt zurück, das weiß ich.

Als sie merkt, dass beide sie unverwandt anschauen, kehrt ihre Befangenheit zurück – ihre Hände flattern nach oben. Besser gesagt, mein Rheuma in den Händen weiß es. Das ist von euch beiden der zuverlässigere Wetterfrosch, James. *Starrt gebannt und angewidert ihre Hände an* Ah! Sie sind so hässlich! Kaum zu glauben, dass sie einmal wunderschön waren.
Sie schauen sie mit wachsender Besorgnis an.
TYRONE *fasst ihre Hände und drückt sie sanft nach unten* Aber, aber, Mary. Was soll der Unsinn. Du hast ganz reizende Hände.
Sie lächelt, ihre Miene erhellt sich, sie küsst ihn dankbar. Er wendet sich an seinen Sohn.
Na, dann wollen wir mal, Jamie. Deine Mutter hat ganz Recht, wenn sie uns antreibt. Die Arbeit erledigt sich nicht von selbst. Und bei der Hitze kannst du dir auch noch etwas von dem Wanst abschwitzen, den du dir in der Kneipe angesoffen hast.
Er öffnet die Drahtgittertür, geht hinaus auf die Veranda und verschwindet über eine Treppe in den Garten. Jamie steht auf, zieht sich die Jacke aus und geht zur Tür. Im Türrahmen dreht er sich um, ohne Mary anzusehen. Auch sie meidet seinen Blick.
JAMIE *mit linkischer, verlegener Zärtlichkeit* Wir sind alle mächtig stolz auf dich, Mama, und wahnsinnig froh.
Sie erstarrt und sieht ihn ängstlich und herausfordernd an. Er stottert mühsam weiter.
Aber du musst trotzdem gut auf dich aufpassen. Mach dir wegen Edmund bloß keine Sorgen. Der erholt sich schon wieder.
MARY *mit störrischer, bitterer und vorwurfsvoller Miene* Natürlich erholt er sich wieder. Und ich verstehe nicht, was du damit meinst, ich soll gut auf mich aufpassen.
JAMIE *fühlt sich zurückgewiesen und verletzt; zuckt die Achseln* Schon gut, Mama. Entschuldige, dass ich was gesagt habe.
Er geht hinaus auf die Veranda. Sie bleibt starr stehen, bis er über die Treppe verschwunden ist. Dann sinkt sie in den Sessel, in dem er vorher gesessen hatte. Ihr Gesicht verrät ängstliche, insgeheime Verzweiflung, ihre Hände irren ruhelos über die Tischplatte und rücken hier und da etwas zurecht. Sie hört Edmund die Treppe in die Diele herunterkommen. Als er beinahe unten ist, packt ihn ein

Hustenanfall. Sie springt auf, als wolle sie vor dem Geräusch davonlaufen, und geht rasch zu den Fenstern links. Als er mit einem Buch in der Hand hereinkommt, schaut sie scheinbar ruhig aus dem Fenster. Sie dreht sich zu ihm um und lächelt ihn zur Begrüßung mütterlich an.
MARY Da bist du ja. Gerade wollte ich hinaufgehen und nach dir schauen.
EDMUND Ich habe nur darauf gewartet, dass die zwei endlich rausgehen. Ich habe keine Lust, mich in einen Streit verwickeln zu lassen, dazu fühle ich mich zu beschissen.
MARY *fast vorwurfsvoll* Ach, was, dir geht's bestimmt nur halb so schlimm, wie du tust. Du bist bloß entsetzlich verzärtelt. Du jagst uns einen Schrecken ein, damit wir dich dann alle verhätscheln. *Hastig* Ich hab nur Spaß gemacht, Liebling. Ich weiß ja, wie hundeelend du dich fühlst. Aber heute geht's dir doch schon besser, oder? *Nimmt besorgt seinen Arm* Trotzdem, du bist viel zu dünn. Du brauchst möglichst viel Ruhe. Setz dich hin, ich mach's dir bequem.
Er setzt sich in den Schaukelstuhl, und sie stopft ihm ein Kissen in den Rücken.
Bitte. Gut so?
EDMUND Großartig. Danke, Mama.
MARY *küsst ihn zärtlich* Deine Mama weiß eben, wie man dich richtig pflegt. Auch wenn du noch so erwachsen bist, für mich bleibst du das Nesthäkchen.
EDMUND *nimmt ihre Hand – sehr ernst* Mach dir meinetwegen bloß keine Sorgen. Du musst auf dich selber aufpassen. Das ist jetzt das Allerwichtigste.
MARY *meidet seinen Blick* Aber das tue ich ja, Lieber. *Mit gekünsteltem Lächeln* Meine Güte, siehst du denn nicht, wie dick ich geworden bin! Ich muss mir alle Kleider ändern lassen. *Sie wendet sich ab und geht zu den Fenstern links. Sie bemüht sich um einen leichten, amüsierten Tonfall.* Jetzt haben sie endlich angefangen, die Hecke zu schneiden. Armer Jamie! Das findet er doch schrecklich, direkt vor dem Haus zu arbeiten, wo ihn jeder sehen kann. Da fahren die Chatfields in ihrem neuen Mercedes. Ein fabelhafter Wagen, was?

Kein Vergleich mit unserem gebrauchten Packard. Armer Jamie! Er ist fast unter die Hecke gekrochen, damit sie ihn nicht sehen. Jetzt haben sie deinem Vater zugenickt, und er hat sich so tief verbeugt wie beim Schlussapplaus vor dem Vorhang. Ausgerechnet in diesem schäbigen, alten Anzug, der schon längst in den Müll gehört. *Ihre Stimme klingt verbittert.* Wenn er ein bisschen mehr Stolz im Leib hätte, würde er sich vor den Leuten nicht so sehen lassen.

EDMUND Er hat ganz Recht, auf anderer Leute Meinung zu pfeifen. Ganz schön dumm von Jamie, wenn er die Chatfields so wichtig nimmt. Herrgott, wer kennt die denn schon außerhalb dieses Provinznests?

MARY *mit Befriedigung* Kein Mensch. Du hast völlig Recht, Edmund. Aufgeblasene Frösche in einem kleinen Tümpel. Es ist sehr töricht von Jamie. *Sie hält inne und blickt aus dem Fenster. Dann mit einem Unterton von Verlassenheit und Sehnsucht* Aber Leute wie die Chatfields stellen immerhin etwas dar. Solche Leute besitzen ordentliche Häuser, für die man sich nicht genieren muss. Sie haben Freunde und laden sich gegenseitig ein. Sie leben nicht von aller Welt abgeschnitten. *Sie wendet sich vom Fenster ab.* Trotzdem möchte ich nichts mit ihnen zu schaffen haben. Ich habe diese Stadt und die Leute hier noch nie gemocht. Das weißt du. Ich wollte hier überhaupt nie wohnen, aber euer Vater hat sich wohl gefühlt und darauf bestanden, dieses Haus zu bauen, und deswegen muss ich seitdem jeden Sommer hierher kommen.

EDMUND Immer noch besser, als den Sommer in einem Hotel in New York zu verbringen, stimmt's? Und diese Stadt ist gar nicht so übel. Ich mag sie eigentlich ganz gern. Vielleicht, weil wir nie ein anderes Zuhause hatten.

MARY Ich habe mich hier nie zu Hause gefühlt. Hier war von Anfang an nichts so, wie es sein sollte. Es wurde immer nur das Billigste genommen. Anständige Qualität war deinem Vater ja zu teuer. Es ist eigentlich ganz gut, dass wir hier keine Freunde und Bekannten haben. Ich müsste mich ja schämen, sie hereinzubitten. Aber er hat ja sowieso nie Wert gelegt auf Familienbekanntschaften. Gegenseitige Besuche und Einladungen sind ihm ein Gräuel. Am liebsten hockt er mit seinen Männern in irgendwelchen Clubs oder Kneipen. Jamie und du, ihr seid genauso, aber das kann man euch nicht vorwerfen. Schließlich hattet ihr hier ja nie Gelegenheit, kultivierte Menschen kennen zu lernen. Ihr zwei wärt bestimmt ganz anders, wenn ihr die Chance bekommen hättet, euch mit netten Mädchen anzufreunden, anstatt immer nur mit – Dann wäre euer Ruf auch nicht derart ruiniert, dass anständige Eltern jetzt ihre Töchter von euch fern halten.

EDMUND *gereizt* Ach, Mama, vergiss es! Wen interessiert das? Jamie und ich würden uns doch zu Tode langweilen. Und was den Alten betrifft, da erübrigt sich jedes weitere Wort. Den änderst du nicht mehr.

MARY *weist ihn automatisch zurecht* Du sollst deinen Vater nicht immer den »Alten« nennen. Ein bisschen mehr Respekt, wenn ich bitten darf. *Dann niedergeschlagen* Drüber reden ändert nichts, das weiß ich ja. Aber manchmal, da fühle ich mich so einsam. *Ihre Lippen beben, und sie hält den Kopf abgewandt.*

EDMUND Du musst trotzdem fair bleiben, Mama. Anfangs hat's vielleicht ausschließlich an ihm gelegen, aber später, und das weißt du auch, da hätten wir gar keine Leute mehr zu uns einladen können, selbst wenn er damit einverstanden gewesen wäre – *Er stockt schuldbewusst.* Ich meine, es wäre dir nicht recht gewesen.

MARY *zuckt zusammen, ihre Lippen zittern erbarmungswürdig.* Nein. Ich ertrage es nicht, dass du mich daran erinnerst.

EDMUND Versteh mich nicht falsch! Bitte, Mama! Ich will dir doch nur helfen. Weil es nicht gut für dich ist, wenn du vergisst. Es ist besser für dich, wenn du dich erinnerst. Dann bist du immer gewappnet. Du weißt doch, was sonst passieren kann. *Unglücklich* Mein Gott, Mama, es macht mir wirklich keinen Spaß, dich daran zu erinnern. Aber ich tu's, weil es so wunderschön ist, dich wieder bei uns zu haben, ganz so wie früher, und weil es entsetzlich wäre, wenn –

MARY *gequält* Bitte, Lieber. Ich weiß, du meinst es nur gut, aber – *In ihrer Stimme klingen wieder Abwehr und Unbehagen an.* Ich begreife gar nicht, warum du plötzlich so was sagst. Wieso ausgerechnet heute Morgen?

EDMUND *ausweichend* Einfach so. Wahrscheinlich liegt's daran, dass ich mich so kaputt und deprimiert fühle.

MARY Sag mir die Wahrheit. Warum bist du plötzlich so misstrauisch?

EDMUND Bin ich überhaupt nicht!

MARY O doch. Das spüre ich. Und dein Vater und Jamie sind es auch – vor allem Jamie.

EDMUND Jetzt rede dir doch nichts ein, Mama.

MARY *mit fliegenden Händen* Dieses ständige Misstrauen und das Gefühl, dass ihr mich alle belauert und keiner mir glaubt oder vertraut, das macht alles noch schwerer für mich.

EDMUND Das ist doch lächerlich, Mama. Natürlich vertrauen wir dir.

MARY Wenn ich doch nur mal irgendwo anders hinkönnte, und sei es bloß für einen Tag oder Nachmittag, irgendeine Freundin besuchen – nicht um Probleme zu wälzen, nur um ein bisschen zu lachen, zu tratschen und für eine Weile alles andere zu vergessen –, mal mit jemand anders reden als mit den Dienstboten, mit dieser blöden Cathleen!

EDMUND *steht besorgt auf und legt den Arm um sie* Hör auf, Mama. Du regst dich wegen nichts und wieder nichts auf.

MARY Dein Vater geht aus. Er trifft sich mit seinen Freunden in der Kneipe oder in einem Club. Du und Jamie, ihr habt eure Kumpel. Ihr geht auch aus. Aber ich bin allein. Ich bin immer allein gewesen.

EDMUND *beschwichtigend* Na komm! Jetzt schwindelst du aber. Einer von uns bleibt doch immer hier, um dir Gesellschaft zu leisten oder um dich zu begleiten, wenn du mit dem Auto spazieren fährst.

MARY *bitter* Ja, weil ihr Angst habt, mich allein zu lassen! *Sie dreht sich zu ihm um. Scharf* Du sagst mir jetzt sofort, warum du heute Morgen so anders bist – wieso meinst du, dass du mich erinnern musst an –

EDMUND *zögert – platzt dann schuldbewusst heraus* Das ist wirklich ganz blöd. Also – als du heute Nacht in mein Zimmer gekomken bist, da habe ich nicht geschlafen. Und dann bist du nicht in euer Schlafzimmer zurückgegangen, sondern hast die ganze Nacht im Gästezimmer verbracht.

MARY Weil mich das Geschnarche deines Vaters wahnsinnig gemacht hat! Herrgott! Das ist doch nicht das erste Mal, dass ich im

Gästezimmer geschlafen habe. *Bitter* Aber ich weiß schon, was du dir gedacht hast. Das war damals auch so –

EDMUND *übertrieben heftig* Ich habe mir gar nichts gedacht!

MARY Du hast also so getan, als würdest du schlafen, damit du mir nachspionieren kannst!

EDMUND Nein! Ich wollte nicht, dass du dich aufregst. Du solltest nicht merken, dass ich Fieber hatte und deswegen nicht schlafen konnte.

MARY Jamie hat sich bestimmt auch nur schlafend gestellt, und dein Vater hat vermutlich –

EDMUND Schluss jetzt, Mama!

MARY Ach, Edmund, das ertrage ich nicht, dass sogar du –! *Sie ordnet sich mit flatternden Händen fahrig und ziellos die Haare. Plötzlich bekommt ihre Stimme einen seltsamen, rachsüchtigen Unterton.* Das würde euch ganz recht geschehen, wenn es wirklich so wäre.

EDMUND Mama! Sag so was nicht! So redest du sonst nur, wenn –

MARY Hör auf, mich zu verdächtigen. Bitte, Junge! Das kränkt mich! Ich konnte nicht schlafen, weil ich an dich denken musste. Das ist der wahre Grund! Ich mache mir solche Sorgen, seit du krank bist. *Sie nimmt ihn in die Arme und wiegt ihn mit ängstlicher, beschützender Zärtlichkeit.*

EDMUND *besänftigend* Unsinn. Es ist nur eine Grippe, das weißt du doch.

MARY Ja, natürlich weiß ich das!

EDMUND Hör mal, Mama. Ich möchte, dass du mir jetzt etwas versprichst. Angenommen, es ist nicht bloß eine Grippe, dann musst du dir trotzdem sagen, dass ich ganz schnell wieder gesund werde. Du darfst dir nicht zu viel Sorgen machen, sondern musst weiter auf dich aufpassen, so wie bisher –

MARY *verängstigt* Solchen Unsinn will ich gar nicht hören. Du hast absolut keinen Grund, so zu reden, als stünde dir etwas Schreckliches bevor! Aber natürlich verspreche ich dir, was du willst. Ich gebe dir mein heiliges Ehrenwort! *Dann traurig und bitter* Mein heiliges Ehrenwort habe ich doch schon so oft gegeben, denkst du dir jetzt sicher.

EDMUND Nein!
MARY *Ihre Bitterkeit schlägt um in hilflose Resignation.* Ich nehme es dir noch nicht einmal übel, Lieber. Du kannst ja nicht anders. Wie könnte einer von uns je vergessen? *Mit merkwürdiger Stimme* Das macht es ja so schwer – für uns alle. Wir können nicht vergessen.
EDMUND *packt sie an den Schultern* Mama! Schluss damit!
MARY *mit erzwungenem Lächeln* Schon gut, Lieber. Ich wollte nicht so pessimistisch sein. Hör nicht auf mein Gerede. So. Lass mich mal deine Stirn fühlen. Na, wer sagt's denn. Frisch und kühl. Fieber hast du jetzt bestimmt keins.
EDMUND Vergiss es! Es geht um dich –
MARY Aber mir fehlt doch nichts, Junge. *Mit einem raschen, sonderbar berechnenden, beinahe verschlagenen Seitenblick* Ich bin nach dieser schlechten Nacht verständlicherweise nur etwas müde und nervös. Ich gehe wohl besser nach oben und lege mich bis zum Mittagessen noch ein Weilchen hin.
Er sieht sie unwillkürlich misstrauisch an – dann blickt er beschämt rasch wieder weg. Sie spricht hastig und nervös weiter.
Und was hast du vor? Wirst du hier drin ein bisschen lesen? Frische Luft und Sonne täten dir viel besser. Aber nicht überhitzen, denk dran. Setz lieber einen Hut auf.
Sie hält inne und schaut ihn jetzt direkt an. Er weicht ihrem Blick aus. Es entsteht eine angespannte Pause. Dann sagt sie höhnisch.
Hast du etwa Angst, mich allein zu lassen?
EDMUND *gequält* Nein! Kannst du nicht aufhören, so zu reden? Ich finde auch, du solltest dich nochmal hinlegen. *Er geht zur Drahtgittertür. Gequält scherzhaft* Ich geh runter in den Garten, um Jamie zu unterstützen. Es gibt für mich nichts Schöneres, als im Schatten zu liegen und ihm bei der Arbeit zuzuschauen.
Er ringt sich ein Lachen ab, in das sie ebenso gezwungen einstimmt. Dann geht er hinaus auf die Veranda und verschwindet über die Treppe. Zuerst reagiert sie erleichtert. Sie scheint sich zu entspannen. Sie sinkt in einen der Korbsessel hinter dem Tisch, lehnt den Kopf an und schließt die Augen. Aber plötzlich verkrampft sie sich wieder. Sie öffnet die Augen, aufkeimende Panik

drängt sie, aufzustehen. Sie kämpft verzweifelt dagegen an. Ihre langen, vom Rheuma entstellten, knotigen Finger trommeln gegen ihren Willen eigensinnig auf den Armlehnen.

Vorhang

Zweiter Akt

Erste Szene

Derselbe Schauplatz. Es ist ungefähr Viertel vor eins. Durch die Fenster links fällt jetzt keine Sonne mehr ins Zimmer. Draußen ist es noch schön, es wird aber immer schwüler, und ein zarter Dunst mildert das grelle Sonnenlicht.
Edmund sitzt im Sessel rechts vom Tisch und liest ein Buch. Besser gesagt, er versucht vergeblich, sich auf die Lektüre zu konzentrieren. Er scheint auf ein Geräusch aus dem ersten Stock zu lauschen. Er wirkt nervös, ängstlich angespannt und noch hinfälliger als im vorigen Akt. Cathleen, das zweite Hausmädchen, kommt aus dem Verbindungszimmer herein. Sie trägt ein Tablett mit einer Flasche echtem Bourbon, einigen Whiskygläsern und einem Krug Eiswasser. Sie ist ein dralles irisches Bauernmädchen, Anfang zwanzig, mit einem hübschen, rotbackigen Gesicht, schwarzen Haaren und blauen Augen – liebenswürdig, ungebildet, unbeholfen und von gutmütiger Beschränktheit. Sie stellt das Tablett auf den Tisch. Edmund tut so, als sei er zu sehr in sein Buch vertieft, um sie zu bemerken, das stört sie aber nicht weiter.

CATHLEEN *mit geschwätziger Vertraulichkeit* Hier kommt der Whisky. Gleich gibt's Mittagessen. Soll ich Ihren Vater und Mister Jamie rufen, oder tun Sie das?
EDMUND *ohne von seinem Buch aufzusehen* Mach nur.
CATHLEEN Wundert mich echt, dass Ihr Herr Vater nicht wenigstens ab und zu mal auf die Uhr schaut. Immer müssen wir mit dem Essen auf ihn warten, und mir macht Bridget dann die Hölle heiß, wie wenn ich was dafür könnte. Aber ein Bild von einem Mann ist er schon, trotz seines Alters. So schön werden Sie in Ihrem ganzen Leben nie – und Mister Jamie auch nicht. *Sie kichert.* Und wenn Mister Jamie 'ne Uhr hätte, dann würde der auf die Minute Mittagspause machen und seinen Whisky kippen, jede Wette!

EDMUND *versucht nicht länger, sie zu ignorieren, und grinst* Schon gewonnen.

CATHLEEN Und die nächste würd ich auch glatt gewinnen, nämlich, dass ich die andern holen soll, damit Sie inzwischen unbemerkt schon mal einen kippen können.

EDMUND Ach, auf die Idee bin ich ja noch gar nicht gekommen –

CATHLEEN Aber woher denn, Sie doch nicht! Sie können ja kein Wässerchen trüben.

EDMUND Aber jetzt, wo du mich drauf bringst –

CATHLEEN *plötzlich affektiert tugendhaft* Mister Edmund, ich würd nie jemand zum Alkohol raten. Wo doch ein Onkel von mir dran zugrunde gegangen ist, daheim in Irland. *Einlenkend* Aber ab und zu mal ein Glas schadet auch nicht, wenn man traurig ist oder die Grippe hat.

EDMUND Danke für die prima Ausrede. *Dann in gekünstelt beiläufigem Ton* Und ruf doch auch gleich meine Mutter.

CATHLEEN Wozu denn? Die ist immer pünktlich, da braucht man nicht extra rufen. Die nimmt etwas Rücksicht aufs Personal, und Gott segne sie dafür.

EDMUND Sie hat sich ein bisschen hingelegt.

CATHLEEN Aber wie ich vorhin oben aufgeräumt hab, da hat sie nicht geschlafen. Da lag sie im Gästezimmer und hatte die Augen sperrangelweit auf. Sie hätte schreckliches Kopfweh, hat sie gesagt.

EDMUND *mit noch erzwungenerer Beiläufigkeit* Na schön, dann ruf eben nur meinen Vater herein.

CATHLEEN *geht zur Drahtgittertür und brummelt gutmütig* Kein Wunder, dass mir abends fast die Füße abfallen. Aber in der Hitze da rausmarschieren und mir einen Sonnenstich holen, das mach ich nicht. Die hören's auch, wenn ich von der Veranda rufe.

Sie tritt auf die Seitenveranda, lässt die Tür hinter sich zuknallen und verschwindet um die Verandaecke nach vorn. Kurz darauf hört man sie laut rufen.

Mister Tyrone! Mister Jamie! Essen kommen!

Edmund, der bang vor sich hinstarrt und sein Buch längst vergessen hat, springt nervös auf.

EDMUND Herrgott, dieser Trampel!

Er schnappt sich die Flasche, schenkt sich ein, gießt Eiswasser zu und trinkt. Während er dies tut, hört er jemanden zur Haustür hereinkommen. Er stellt hastig das Glas auf das Tablett zurück, setzt sich wieder und schlägt das Buch auf. Jamie kommt aus dem Salon, das Jackett über dem Arm. Kragen und Krawatte hat er abgenommen und hält beides in der Hand. Er wischt sich mit einem Taschentuch den Schweiß von der Stirn. Edmund blickt auf, als würde er in seiner Lektüre gestört. Jamie taxiert Flasche und Gläser mit einem Blick und lächelt zynisch.

JAMIE Na, vorab schon mal heimlich einen gekippt? Mir kannst du nichts vormachen, Bruderherz. Du bist ein noch mieserer Schauspieler als ich.

EDMUND *grinst* Stimmt, ich hab mir einen genehmigt, solange noch Zeit war.

JAMIE *legt ihm freundschaftlich die Hand auf die Schulter* Na also. Warum willst du mich für dumm verkaufen? Wir sind doch Kumpel, oder?

EDMUND Ich konnte ja nicht riechen, dass du's bist.

JAMIE Ich hab dem Alten gesagt, er soll mal auf die Uhr schauen. Wie Cathleen losgeschmettert hat, war ich schon halb im Haus. Unsere wilde irische Lerche! Die gehört auf den Bahnsteig, um die Züge auszurufen.

EDMUND Deswegen hatte ich den Drink nötig. Bedien dich, solang die Gelegenheit günstig ist.

JAMIE Hab ich mir auch gerade überlegt. *Er geht rasch zu einem der Fenster links.* Der Alte hat mit Captain Turner geplauscht. Ja, das dauert noch. *Er kommt zurück und schenkt sich ein.* Und jetzt die Tarnung vor seinem Adlerauge. *Er hat sich gemerkt, wie voll die Flasche war. Er misst zwei Gläser Wasser ab, kippt sie in die Whiskyflasche und schüttelt alles durch.* So. Das hätten wir. *Er gießt Wasser in das Glas und stellt es vor Edmund auf den Tisch.* Und hier ist das Wasser, das du getrunken hast.

EDMUND Toll. Du glaubst doch nicht etwa, dass er darauf reinfällt?

JAMIE Kaum, aber beweisen kann er nichts. *Er bindet sich Kragen und Krawatte wieder um.* Hoffentlich vergisst er vor Begeisterung über sein eigenes Geschwätz nicht das Mittagessen. Ich hab Kohldampf. *Er setzt sich Edmund gegenüber an den Tisch. Gereizt* Darum stinkt mir ja die Arbeit im Garten vor dem Haus. Weil er vor jedem Affen, der zufällig vorbeilatscht, eine Riesenshow abziehen muss.

EDMUND *trübsinnig* Du bist gut dran, du hast wenigstens noch Hunger. Von mir aus braucht es hier gar nichts mehr zu essen zu geben, so wie ich mich fühle.

JAMIE *mit besorgtem Blick* Hör mal, Kleiner. Du kennst mich. Ich hab dir nie Vorträge gehalten, aber in dem Punkt hat Doktor Hardy Recht, du solltest jetzt die Finger vom Fusel lassen.

EDMUND Tu ich auch, nachdem er mir heute Nachmittag die schlechte Nachricht beigebogen hat. Auf die paar Gläser bis dahin kommt's schon nicht mehr an.

JAMIE *zögert – dann langsam* Gut, dass du auf das Schlimmste gefasst bist. Dann ist der Schock weniger groß.
Er merkt, dass Edmund ihn anstarrt.
Na ja, ist doch ganz klar, dass du wirklich krank bist, und es wäre absolut verkehrt, wenn du dir da etwas vormachst.

EDMUND *beunruhigt* Tue ich auch nicht. Ich merke ja selber, wie beschissen es mir geht, und das Fieber und der Schüttelfrost nachts, die sind auch nicht zum Totlachen. Wahrscheinlich liegt Doktor Hardy mit seiner letzten Vermutung richtig. Die Scheißmalaria hat mich mal wieder beim Wickel.

JAMIE Kann sein. Aber sei dir da nicht zu sicher.

EDMUND Wieso? Was glaubst du denn?

JAMIE Scheiße, woher soll ich das wissen? Ich bin schließlich kein Arzt. *Abrupt* Wo ist Mama?

EDMUND Oben.

JAMIE *mustert ihn scharf* Wann ist sie raufgegangen?

EDMUND Ich schätze mal, so etwa um die Zeit, als ich euch unten an der Hecke besucht habe. Sie wollte sich etwas hinlegen.

JAMIE Das hast du mir ja gar nicht erzählt –

EDMUND *verteidigt sich* Wozu auch? Was ist schon dabei? Sie war todmüde. Sie hat heute Nacht kaum geschlafen.

JAMIE Das weiß ich selber.
Pause. Beide meiden den Blick des andern.

EDMUND Ich hab wegen des Scheißnebelhorns auch kein Auge zugemacht.
Pause.
JAMIE Sie war den ganzen Vormittag allein da oben, ja? Und du hast sie nicht gesehen?
EDMUND Nein. Ich hab hier gelesen. Ich wollte sie schlafen lassen.
JAMIE Kommt sie zum Essen runter?
EDMUND Klar.
JAMIE *trocken* So klar ist das nicht. Vielleicht hat sie keinen Appetit. Oder sie isst ab jetzt meistens oben alleine. Wäre ja nicht das erste Mal, oder?
EDMUND *erschrocken und erbost* Hör auf, Jamie! Kannst du denn nicht mal an was anderes denken, als –? *Eindringlich* Aber diesmal täuschst du dich. Cathleen hat gerade vorhin noch mit ihr gesprochen. Mama hat ihr nicht gesagt, dass sie zum Essen nicht herunterkommt.
JAMIE Sie hat also gar nicht geschlafen?
EDMUND In dem Augenblick nicht, aber sie hatte sich hingelegt, sagt Cathleen.
JAMIE Im Gästezimmer?
EDMUND Ja doch. Was ist denn schon dabei, Herrgott nochmal!
JAMIE *fährt ihn an* Du Idiot! Warum hast du sie so lange allein gelassen? Warum bist du nicht in ihrer Nähe geblieben?
EDMUND Weil sie mir vorgeworfen hat – dir und Papa übrigens auch – wir würden ihr dauernd nachspionieren und hätten kein Vertrauen zu ihr. Ich habe mich entsetzlich geschämt. Ich weiß, wie schrecklich das für sie sein muss. Und sie hat mir auch ihr heiliges Ehrenwort gegeben –
JAMIE *mit müder Bitterkeit* Du solltest allmählich wissen, dass das nichts wert ist.
EDMUND Diesmal schon!
JAMIE Das haben wir bisher jedes Mal geglaubt. *Er beugt sich über den Tisch und fasst seinen Bruder freundschaftlich am Arm.* Hör mal, Kleiner, ich weiß, du hältst mich für einen fiesen Zyniker, aber vergiss nicht, dass ich mir die Sache hier schon länger anschaue. Bis zum Gymnasium hattest du ja keine Ahnung, was hier wirklich

ablief. Papa und ich haben alles von dir fern gehalten. Aber als wir es dir dann schließlich doch sagen mussten, da wusste ich schon seit über zehn Jahren Bescheid. Ich kenne das Spiel in- und auswendig, und ich habe den ganzen Morgen daran denken müssen, wie sie sich letzte Nacht aufgeführt hat, als sie dachte, wir würden schlafen. Ich konnte an nichts anderes denken. Und jetzt kommst du und erzählst mir auch noch, dass sie es geschafft hat, dass du sie den ganzen Morgen da oben alleine lässt.

EDMUND Das stimmt doch gar nicht! Du spinnst wohl!

JAMIE *versöhnlich* Schon gut, Kleiner. Kein Grund, gleich auf mich loszugehen. Ich hoffe ja selber, dass ich spinne. Ich war doch total glücklich, weil ich allmählich selber daran geglaubt habe, dass sie diesmal – *Er hält inne – schaut durch den Salon zur Diele und senkt rasch die Stimme.* Sie kommt runter. Eins zu null für dich. Ich bin wirklich ein misstrauisches Stinktier.
Sie erstarren in hoffnungsvoller und banger Erwartung. Jamie knurrt.
Scheiße! Hätte ich doch bloß noch einen gekippt.

EDMUND Du sagst es.

Er hustet nervös und bekommt dadurch einen richtigen Hustenanfall. Jamie wirft ihm einen besorgten und mitleidigen Blick zu. Mary kommt aus dem Salon herein. Zuerst erscheint sie unverändert; sie wirkt nur etwas weniger nervös und scheint mehr in der Stimmung wie nach dem Frühstück zu sein. Aber dann fällt einem auf, dass ihre Augen stärker glänzen, und man bemerkt in ihrer Stimme und in ihrem Gebaren eine sonderbare Losgelöstheit, als wäre sie an ihren Worten und Handlungen innerlich nicht voll beteiligt.

MARY *geht besorgt zu Edmund und legt den Arm um ihn* Du sollst doch nicht so husten. Das ist schlecht für deinen Hals. Das fehlt uns gerade, dass du zu deiner Grippe auch noch Halsschmerzen bekommst.

Sie küsst ihn. Er hört auf zu husten und mustert sie mit einem kurzen besorgten Blick. Aber ihre Zärtlichkeit zerstreut seinen Argwohn, und im Augenblick glaubt er nur, was er glauben möchte. Jamie hingegen findet mit einem prüfenden Blick seinen Verdacht bestätigt. Er senkt den Blick und starrt zu Boden, seine Miene

drückt zynische, abwehrende Verbitterung aus. Mary redet weiter, sie hat sich halb auf die Armlehne von Edmunds Sessel gesetzt und den Arm um seine Schulter gelegt, sodass sie ihn überragt und er ihr nicht in die Augen sehen kann.
Dass ich aber auch ständig an dir rumnörgeln muss. Tu dies nicht, tu das nicht. Verzeih, Lieber. Ich möchte dir ja nur etwas Gutes tun.
EDMUND Ich weiß, Mama. Und du? Hast du dich schön ausgeruht?
MARY Ja, ich fühle mich viel besser. Ich habe die ganze Zeit im Bett gelegen, seit du nach draußen gegangen bist. Das war nach dieser schlaflosen Nacht das einzig Richtige für mich. Meine Nervosität ist wie weggeblasen.
EDMUND Prima.
Er tätschelt ihre Hand auf seiner Schulter. Jamie schaut ihn befremdet, fast verächtlich an und fragt sich, ob sein Bruder das wirklich ernst meinen kann. Edmund bemerkt dies nicht, seine Mutter aber sehr wohl.
MARY *in gekünstelt frotzelndem Ton* Meine Güte, Jamie, du machst ja ein Gesicht, als hättest du einen Frosch verschluckt. Was ist denn jetzt schon wieder?
JAMIE *ohne sie anzusehen* Nichts.
MARY Ach so, natürlich, du hast ja an der Hecke vor dem Haus gearbeitet. Daher deine miese Laune, richtig?
JAMIE Wenn du meinst, Mama.
MARY *in unverändertem Ton* Das war doch schon immer so, nicht wahr? Du benimmst dich wirklich kindisch! Stimmt's, oder hab ich Recht, Edmund?
EDMUND Selber schuld, wenn er sich noch um die Meinung anderer Leute schert.
MARY *mit seltsamer Stimme* Ja, es sollte einem wirklich egal sein.
Sie fängt Jamies bitteren Blick auf und wechselt das Thema.
Wo steckt euer Vater? Cathleen hat ihn doch schon längst zu Tisch gerufen.
EDMUND Der quatscht immer noch mit Captain Turner, sagt Jamie. Und wir dürfen mal wieder auf ihn warten.
Jamie steht auf und geht zu den Fenstern links, froh, einen Vorwand zu haben, sich abwenden zu können.

MARY Ich habe Cathleen schon zigmal gebeten, sie soll zu ihm gehen und ihn anständig zu Tisch bitten. Hier wird nicht rumgebrüllt wie in einer billigen Absteige!

JAMIE *blickt aus dem Fenster* Jetzt ist sie bei ihm unten im Garten. *Spöttisch* Und unterbricht seiner ach so berühmten Stimme »Wohlklang«. Wie respektlos von ihr!

MARY *scharf – lässt ihre Wut an ihm aus* Du solltest mehr Respekt haben! Hör auf, über deinen Vater zu lästern! Das dulde ich nicht! Du solltest stolz darauf sein, dass du sein Sohn bist! Natürlich hat er seine Fehler. Wie jeder von uns. Aber er hat sein Leben lang geschuftet. Er hat es aus kleinsten Verhältnissen ganz nach oben geschafft in seinem Beruf! Alle Welt bewundert ihn, und du solltest der Letzte sein, der sich über ihn lustig macht – dass du in deinem ganzen Leben nie schuften musstest, verdankst du schließlich ganz allein ihm!

Jamie hat sich betroffen umgewandt und starrt sie vorwurfsvoll und feindselig an. Sie weicht seinem Blick schuldbewusst aus und fährt versöhnlicher fort.

Vergiss nicht, Jamie, dein Vater wird allmählich auch älter. Du solltest wirklich etwas mehr Rücksicht nehmen.

JAMIE Ich soll Rücksicht nehmen? Ich?

EDMUND *unbehaglich* Ach, halt doch die Klappe, Jamie!

Jamie schaut wieder aus dem Fenster.

Und du, Mama, warum gehst du jetzt plötzlich auf Jamie los?

MARY *verbittert* Weil er sich ständig über irgendjemand lustig macht und bei allen immer nur ihre schwache Stelle sucht. *Dann sonderbar übergangslos in einem teilnahmslosen, unpersönlichen Ton* Aber wahrscheinlich ist er durch das Leben so geworden, und er kann gar nichts dafür. Was das Leben aus uns gemacht hat, dafür kann keiner was. Ehe man sich's versieht, ist es passiert. Und dann geht es einfach so weiter, und man entfernt sich immer mehr von dem, wie man sein möchte, und am Ende haben wir uns selbst für immer verloren.

Edmund ist durch ihr seltsames Verhalten beunruhigt. Er versucht, ihr direkt in die Augen zu schauen, aber sie sieht weg. Jamie dreht sich um – blickt dann rasch wieder aus dem Fenster.

JAMIE *angeödet* Ich hab Hunger. Hoffentlich schlägt der Alte da draußen keine Wurzeln. Das ist doch wirklich das Letzte, erst lässt er uns mit dem Essen warten, dann beschwert er sich, wenn alles verkocht ist.

MARY *reagiert automatisch mit oberflächlicher Verärgerung, aber ohne innere Anteilnahme* Ja, das ist ausgesprochen mühsam, Jamie. Du ahnst gar nicht, wie mühsam. Du musst ja schließlich auch keinen Haushalt führen mit irgendwelchen Dienstboten, denen eigentlich alles egal ist, weil sie sowieso nur für den Sommer angestellt sind. Das richtig gute Personal arbeitet bei den Leuten, die ständig hier wohnen und nicht nur ein Sommerhäuschen unterhalten. Dein Vater will ja nicht mal das Geld für eine gelernte Saisonhilfe ausgeben. Und ich darf mich dann jedes Jahr aufs Neue mit diesen dummen, faulen Grünschnäbeln herumärgern. Na, das habe ich euch ja schon hundertmal gesagt. Und ihm auch, aber das geht bei ihm zum einen Ohr rein und zum anderen gleich wieder raus. Haushaltskosten hält er für pure Geldverschwendung. Er hat einfach zu lange in Hotels gewohnt. Natürlich nie in erstklassigen Häusern. Immer nur in zweitklassigen. Er weiß gar nicht, was ein richtiges Zuhause ist. Er fühlt sich nirgendwo richtig zu Hause. Trotzdem möchte er ein Heim. Sogar auf diese Bruchbude ist er noch stolz. Er findet es herrlich hier. *Sie lacht – es klingt hoffnungslos und doch belustigt.* Eigentlich ist es zum Lachen. Er ist schon ein merkwürdiger Mensch.

EDMUND *sucht beklommen wieder ihren Blick* Du redest ja wie ein Wasserfall, Mama. Hast du was?

MARY *rasch in beiläufigem Ton – tätschelt ihm die Wange* Woher denn, nichts Besonderes, Lieber. Es ist wirklich albern von mir.

Während sie spricht, kommt Cathleen aus dem Verbindungszimmer herein.

CATHLEEN *übersprudelnd* Essen ist fertig, Ma'am. Ich war auch bei Mister Tyrone, wie Sie's mir aufgetragen haben, und er hat gemeint, er käm gleich, aber dann hat er doch weitergeredet mit seinem Bekannten und dem erzählt von den alten Zeiten, wie er damals –

MARY *unbeteiligt* Schon gut, Cathleen. Sag Bridget, es dauert leider noch ein wenig, bis Mister Tyrone zum Essen kommt.

Cathleen murmelt: »Ja, Ma'am«, *und geht brummelnd wieder ab.*
JAMIE Mist! Warum fangen wir nicht einfach ohne ihn an? Er hat's uns doch selber erlaubt.
MARY *mit einem abwesenden, amüsierten Lächeln* Das hat er nicht ernst gemeint. Du solltest deinen Vater wirklich besser kennen. Er wäre schwer beleidigt.
EDMUND *springt auf – er scheint froh, unter einem Vorwand das Zimmer verlassen zu können* Ich werd ihm mal Beine machen. *Er geht auf die Seitenveranda. Kurz darauf hört man ihn ärgerlich rufen.* He, Papa! Jetzt komm endlich! Wir können nicht ewig auf dich warten!
Mary hat sich von der Armlehne erhoben. Ihre Hände spielen rastlos auf dem Tisch. Sie sieht Jamie nicht an, aber sie spürt seinen zynisch-taxierenden Blick auf ihrem Gesicht und ihren Händen.
MARY *angespannt* Was starrst du mich so an?
JAMIE Das weißt du ganz genau. *Er dreht sich wieder zum Fenster um.*
MARY Gar nichts weiß ich.
JAMIE Herrgott nochmal, Mama, glaubst du, du kannst mir was vormachen? Ich bin doch nicht blind.
MARY *sieht ihn mit einer Miene trotziger Verständnislosigkeit direkt an* Ich weiß wirklich nicht, wovon du redest.
JAMIE Nein? Dann schau dir doch mal deine Augen im Spiegel an!
EDMUND *kommt von der Veranda herein* Ich hab Papa Dampf gemacht. Er ist schon unterwegs. *Schaut mit einem raschen Blick, dem seine Mutter ausweicht, vom einen zum anderen – besorgt* Was ist los? Was hast du denn, Mama?
MARY *aufgeschreckt durch sein Kommen – lässt ihrer schuldbewussten Erregung freien Lauf* Dein Bruder sollte sich was schämen. Er hat mir eben alles Mögliche unterstellt.
EDMUND *greift ihn an* Du blöder Arsch!
Er geht drohend auf ihn zu. Jamie dreht sich achselzuckend um und schaut aus dem Fenster.
MARY *verliert noch mehr die Fassung und packt Edmund am Arm – erregt* Hör sofort auf damit, hast du verstanden! Was fällt dir ein, in meiner Gegenwart solche Ausdrücke zu gebrauchen! *Ihr Ton*

und ihr Verhalten sind plötzlich wieder so distanziert wie vorhin.
Du darfst deinem Bruder keine Vorwürfe machen. Er kann nichts dafür, was die Vergangenheit aus ihm gemacht hat. Genauso wenig wie dein Vater. Oder du. Oder ich.
EDMUND *erschrocken – mit letzter, verzweifelter Hoffnung* Er lügt! Bitte, Mama, sag, dass das gelogen ist!
MARY *mit abgewandtem Blick* Was soll gelogen sein? Jetzt sprichst du schon genauso in Rätseln wie Jamie. *Sie bemerkt seinen gequälten, vorwurfsvollen Blick. Stammelnd* Edmund! Nicht! *Sie schaut weg, wirkt sofort wieder sonderbar teilnahmslos. Ruhig* Euer Vater kommt gerade die Treppe rauf. Ich sag Bridget Bescheid.
Sie verschwindet im Verbindungszimmer. Edmund geht langsam zu seinem Sessel. Er wirkt krank und niedergeschlagen.
JAMIE *am Fenster, ohne sich umzudrehen* Und?
EDMUND *zögert noch, seinem Bruder Recht zu geben – trotzig* Was, und? Du lügst.
Jamie zuckt die Achseln. Die Drahtgittertür zur Veranda fällt zu. Edmund mit matter Stimme Da kommt Papa. Hoffentlich gibt er uns gleich einen aus.
Tyrone kommt durch den Salon herein. Er zieht sich die Jacke an.
TYRONE Tut mir Leid, aber es ging nicht eher. Captain Turner wollte unbedingt mit mir plaudern, und da gibt's dann kein Entkommen mehr. Der Mann kann endlos schwadronieren.
JAMIE *ohne sich umzudrehen – trocken* Du meinst wohl zuhören.
Sein Vater sieht ihn missbilligend an. Er geht zum Tisch und taxiert mit einem raschen Blick die Whiskyflasche. Jamie spürt dies, ohne sich umzuwenden.
Keine Bange. Die Flasche ist noch genauso voll wie vorhin.
TYRONE Darauf habe ich überhaupt nicht geachtet. *Bissig* Außerdem beweist das gar nichts, wenn du in der Nähe bist. Deine Tricks kenne ich längst.
EDMUND *matt* Hab ich richtig gehört, du gibst einen aus?
TYRONE *stirnrunzelnd* Jamie hat sich einen Schluck redlich verdient, er hat schließlich den ganzen Vormittag geschuftet. Aber du kriegst nichts. Doktor Hardy –
EDMUND Doktor Hardy kann mich mal. Ein Drink wird mich nicht gleich umbringen. Ich bin – fix und fertig, Papa.

TYRONE *mit besorgtem Blick und gespielter Herzlichkeit* Na schön, einverstanden. Nach meiner Erfahrung ist ein anständiger Whisky als Aperitif die beste Medizin, solange man ihn maßvoll genießt.
Edmund steht auf, als sein Vater ihm die Flasche reicht. Er schenkt sich das Glas voll. Tyrone sieht ihn tadelnd an.
Maßvoll, hab ich gesagt.
Er schenkt sich selber ein und reicht Jamie brummelnd die Flasche.
Für dich ist maßvoll ohnehin ein Fremdwort.
Unbeeindruckt schenkt Jamie sich das Glas randvoll. Sein Vater macht zunächst ein grämliches Gesicht, dann hellt sich seine Miene wieder auf, und er erhebt das Glas.
Also dann, auf Gesundheit und ein langes Leben!
Edmund lacht gequält auf.
EDMUND Sehr witzig!
TYRONE Was?
EDMUND Nichts. Prost.
Sie trinken.
TYRONE *spürt die angespannte Atmosphäre* Was ist hier eigentlich los? Hier herrscht ja auf einmal mächtig dicke Luft. *Wendet sich vorwurfsvoll an Jamie* Deinen Drink hast du doch gekriegt. Warum machst du dann so ein brummiges Gesicht?
JAMIE *achselzuckend* Dir wird das Lachen auch noch vergehen.
EDMUND Halt die Klappe, Jamie.
TYRONE *fühlt sich jetzt unbehaglich und wechselt das Thema* Ich dachte, das Essen steht auf dem Tisch. Ich hab einen Mordshunger. Wo steckt eure Mutter?
MARY *kommt aus dem Verbindungszimmer und ruft* Hier. *Sie tritt ein. Sie ist nervös und verlegen. Während sie spricht, schaut sie überall hin, nur nicht in die drei Gesichter.* Ich musste Bridget beruhigen. Sie hat einen regelrechten Tobsuchtsanfall gekriegt, weil du schon wieder zu spät kommst, und ich muss sagen, ich kann ihr es nicht einmal verdenken. Sie sagt, wenn dein Essen vergammelt ist, bist du selber schuld, und es wär ihr egal, ob du's isst oder nicht. *Mit wachsender Erregung* Ach, ich hab's satt, so zu tun, als ob das hier ein richtiges Zuhause wär! Alles muss ich alleine machen! Du

rührst keinen Finger! Du weißt ja gar nicht, was das ist, ein richtiges Zuhause! Und im Grunde interessiert es dich auch nicht! Es hat dich nie interessiert – schon damals nicht, als wir geheiratet haben! Du wärst besser Junggeselle geblieben, dann hättest du weiter in billigen Hotels absteigen und mit deinen Freunden durch die Kneipen ziehen können! *In seltsamem Tonfall, als würde sie nicht mit Tyrone, sondern mit sich selber sprechen, setzt sie hinzu.* Dann wäre das alles nicht passiert.
Alle starren sie an. Tyrone hat begriffen. Plötzlich wirkt er müde, verbittert und alt. Obwohl Edmund seinem Vater ansieht, dass er die Situation klar erkannt hat, versucht er, seine Mutter dennoch zu warnen.
EDMUND Sei doch still, Mama! Das Mittagessen wartet.
MARY *zuckt zusammen und setzt sofort wieder ihre unnatürlich distanzierte Miene auf; sie lächelt sogar amüsiert-ironisch vor sich hin* Ich bin wirklich rücksichtslos. Da grabe ich die Vergangenheit aus und weiß doch, dass dein Vater und Jamie Hunger haben.
Sie legt Edmund den Arm um die Schulter – mit liebevoller, zugleich distanzierter Besorgnis. Hoffentlich hast du auch ein bisschen Appetit, Lieber. Du musst wirklich mehr essen. *Ihr Blick fällt auf das Whiskyglas auf dem Tisch neben ihm. Scharf* Was hat das Glas da zu suchen? Hast du etwa getrunken? Wie kann man nur so dumm sein! Das ist Gift für dich, das weißt du doch! *Sie fährt Tyrone an.* Das ist deine Schuld, James. Wie konntest du das zulassen? Willst du ihn umbringen? Hast du denn meinen Vater schon vergessen? Der konnte es bis zu seinem Tod auch nicht lassen. Er hat Ärzte immer nur für Idioten gehalten! Er war genauso überzeugt davon wie du, dass Whisky die beste Medizin ist! *Entsetzen spiegelt sich in ihrem Blick, sie stammelt.* Aber das kann man natürlich überhaupt nicht vergleichen. Ich weiß gar nicht, wie ich – Verzeih mir, James, dass ich dich so angefahren habe. Ein Gläschen kann Edmund ja wirklich nicht schaden. Vielleicht bekommt es ihm sogar und regt seinen Appetit an.
Sie tätschelt Edmund spielerisch die Wange und wirkt dabei wieder sonderbar abwesend. Er zuckt zurück. Sie scheint dies nicht zu bemerken, rückt aber instinktiv von ihm ab.

JAMIE *grob, um seine Anspannung zu verbergen* Na, was ist, essen wir jetzt oder nicht? Ich hab den ganzen Vormittag im Dreck unter der blöden Hecke gerackert. Da hab ich mir mein Futter wohl redlich verdient.
Ohne seine Mutter eines Blickes zu würdigen, geht er hinter seinem Vater vorbei und packt Edmund an der Schulter.
Marsch, Kleiner. Ab an die Fleischtöpfe.
Edmund steht auf, ohne seine Mutter anzusehen. Sie gehen an ihr vorbei zum Verbindungszimmer.
TYRONE *matt* Geht mit eurer Mutter schon mal vor, Jungs. Ich komme gleich nach.
Aber sie gehen weiter, ohne auf ihre Mutter zu warten. Sie schaut ihnen hilflos und gekränkt nach, und als sie das Verbindungszimmer betreten, will sie ihnen folgen. Tyrone sieht sie traurig und anklagend an. Sie spürt seinen Blick und dreht sich jäh um, ohne ihn dabei jedoch direkt anzusehen.
MARY Warum siehst du mich so an? *Sie streicht sich fahrig übers Haar.* Hat sich meine Frisur gelöst? Ich war so kaputt von der letzten Nacht, und da dachte ich, es ist besser, wenn ich mich heute Morgen nochmal ein bisschen hinlege. Ich bin eingedöst und habe ein erholsames Nickerchen gemacht. Aber nach dem Aufstehen habe ich mich bestimmt nochmal frisiert. *Lacht gekünstelt* Obwohl ich meine Brille wie üblich mal wieder nicht finden konnte. *Scharf* Starr mich nicht so an. Man könnte fast denken, du würdest mir etwas vorwerfen – *Dann flehend* James! Du verstehst das nicht!
TYRONE *mit dumpfer Wut* Ich verstehe bloß so viel, dass es reichlich idiotisch von mir war, an dich zu glauben! *Er wendet sich von ihr ab und schenkt sich ein großes Glas Whisky ein.*
MARY *wieder mit trotzig herausfordernder Miene* »An mich zu glauben«? Was soll das heißen? Ich habe nur Misstrauen gespürt. Nichts als Argwohn und Verdächtigungen. *Dann vorwurfsvoll* Wieso trinkst du weiter? Du trinkst doch sonst nur e in Glas vor dem Essen? *Bitter* Ich weiß, was das bedeutet. Heute Abend bist du dann betrunken. Wäre ja auch nicht das erste Mal – *Erneut flehentlich* Ach, James, bitte! Du verstehst das nicht! Ich mache mir so schreckliche Sorgen um Edmund. Ich habe solche Angst, er –

TYRONE Erspare mir deine Ausreden, Mary.

MARY *tief getroffen* Ausreden? Du meinst –? Aber das kannst du doch nicht im Ernst glauben! Das darfst du nicht glauben, James! *Sie gleitet wieder ab in ihre sonderbare Distanziertheit. Ganz beiläufig* Wollen wir uns nicht zu Tisch setzen, Liebling? Ich habe zwar keinen Appetit, aber du musst doch hungrig sein.
Er geht langsam in ihre Richtung. Er bewegt sich wie ein alter Mann. Als er bei ihr an der Tür angekommen ist, stößt sie kläglich hervor.
James! Ich habe mich so sehr bemüht! Ich habe mich so sehr bemüht! Bitte, glaube mir –!

TYRONE *gegen seinen Willen gerührt – hilflos* Das glaube ich dir ja, Mary. *Dann gramvoll* Aber um Gottes willen, warum hast du nicht die Kraft gehabt, es durchzuhalten?

MARY *wieder mit trotzig verleugnender Miene* Wovon redest du eigentlich? Was hätte ich durchhalten sollen?

TYRONE *hoffnungslos* Ach, egal. Es hat sowieso keinen Zweck mehr.
Er geht weiter, und sie bleibt neben ihm, während sie im Verbindungszimmer verschwinden.

Vorhang

Zweite Szene

Derselbe Schauplatz, etwa eine halbe Stunde später. Das Tablett mit der Whiskyflasche ist abgeräumt. Wenn der Vorhang aufgeht, kehrt die Familie vom Mittagessen zurück. Mary kommt als Erste aus dem Verbindungszimmer. Tyrone folgt ihr. Er geht nicht neben ihr wie bei dem ähnlichen Auftritt nach dem Frühstück zu Beginn des Ersten Aktes. Er vermeidet es, sie zu berühren und anzusehen. In seinem Gesicht spiegelt sich Ablehnung, in die sich jetzt eine alte erschöpfte und hilflose Resignation mischt. Jamie und Edmund folgen ihrem Vater. Jamies Gesicht ist hart und drückt abwehrenden Zynismus aus. Edmund bemüht sich vergeblich um dieselbe Abwehrhaltung. Man merkt

ihm seine seelische Verzweiflung ebenso deutlich an wie seine körperliche Krankheit.
Mary ist wieder hochgradig nervös, als hätte sie das gemeinsame Mittagessen überfordert. Zugleich und im Gegensatz dazu drückt ihre Miene jetzt noch intensiver jene sonderbare Distanziertheit aus, die ganz losgelöst erscheint von der sie bedrängenden Nervosität.
Beim Eintreten redet sie vor sich hin – ein beiläufiger Wortschwall alltäglicher Familienangelegenheiten. Es scheint sie nicht zu stören, dass sie in Gedanken genauso wenig bei der Sache ist wie die Übrigen. Während sie spricht, geht sie zur rechten Tischseite, bleibt stehen und schaut nach vorn. Eine Hand nestelt an ihrem Ausschnitt, die andere spielt unruhig auf der Tischplatte. Tyrone zündet sich eine Zigarre an, geht zur Drahtgittertür der Veranda und starrt nach draußen. Jamie stopft sich seine Pfeife aus einer Tabakdose auf dem Bücherregal hinten. Während des Anzündens geht er zu einem der Fenster links und schaut hinaus. Edmund setzt sich in einen Sessel am Tisch, halb abgewandt von seiner Mutter, damit er ihr nicht zusehen muss.

MARY Es bringt absolut nichts, Bridget Vorwürfe zu machen. Sie hört gar nicht hin. Und wenn ich ihr drohe, droht sie mir mit Kündigung. Und manchmal gibt sie sich ja auch wirklich Mühe. Leider anscheinend immer nur dann, wenn du mal wieder zu spät kommst, James. Einen Trost haben wir immerhin: Man merkt es ihrem Essen sowieso nicht an, ob sie sich damit Mühe gibt oder nicht. *Sie lacht unbeteiligt. Gleichgültig* Was soll's. Der Sommer ist ja nun Gott sei Dank bald vorbei. Eure Spielzeit fängt wieder an, und wir dürfen zurück in die zweitklassigen Hotels und die Eisenbahnzüge. Die sind mir zwar auch zuwider, aber wenigstens erwarte ich mir dort kein Zuhause, und ich muss mich auch nicht mit dem Haushalt rumschlagen. Es ist unsinnig, von Bridget und Cathleen zu erwarten, dass sie sich hier wie in einem richtigen Haushalt benehmen. Sie wissen genauso gut wie wir, dass es keiner ist, keiner war und nie einer sein wird.

TYRONE *verbittert, ohne sich umzudrehen* Nein, damit ist es jetzt vorbei. Das war einmal, bevor du –

MARY *sofort verständnislos* Bevor ich was? *Absolute Stille. Sie fährt*

wieder in ihrer distanzierten Art fort. Nein, nein. Ganz egal, was du meinst, es stimmt nicht, Liebling. Wir hatten hier nie ein Zuhause. Du hast dich im Club oder in der Kneipe immer wohler gefühlt. Und ich war hier immer genauso einsam wie in den schmutzigen Zimmern dieser billigen Absteigen für eine Nacht. In einem richtigen Zuhause fühlt man sich nie einsam. Du vergisst, dass ich aus Erfahrung weiß, was ein Zuhause ist. Um dich zu heiraten, habe ich schließlich eins aufgegeben – mein Elternhaus. *Sie muss plötzlich an Edmund denken. Sie wendet sich zärtlich besorgt, aber zugleich sonderbar distanziert an ihn.* Ich mache mir Sorgen um dich, Edmund. Du hast so gut wie nichts gegessen. So geht das nicht. Mir schadet es nicht, wenn ich mal keinen Appetit habe. Ich bin sowieso zu dick geworden. Aber du musst tüchtig essen. *Mütterlich gut zuredend* Versprich mir, dass du das tust, Junge, mir zuliebe.
EDMUND *dumpf* Ja, Mama.
Mary tätschelt ihm die Wange. Er bemüht sich, ihrer Berührung nicht auszuweichen.
MARY Braver Junge.
Erneute Pause und absolutes Schweigen. Dann klingelt das Telefon in der Diele, und alle erstarren erschrocken.
TYRONE *hastig* Ich geh ran. Ich erwarte einen Anruf von McGuire. *Er geht durch den Salon hinaus.*
MARY *gleichgültig* McGuire. Der hat wohl wieder mal ein Grundstück an der Hand, für das er keinen anderen Käufer findet als euern Vater. Es spielt jetzt zwar keine Rolle mehr, aber ich hatte stets den Eindruck, dass euer Vater immer genug Geld besaß, um sich ein Grundstück nach dem anderen zu kaufen – nur kein Heim für mich.
Sie hält inne, als man aus der Diele Tyrones Stimme hört.
TYRONE Hallo. *Mit gekünstelter Herzlichkeit* Ach, Sie sind's, Doktor? Wie geht's Ihnen?
Jamie wendet sich vom Fenster ab. Marys Finger spielen noch fahriger auf der Tischplatte. Obwohl es Tyrone verbergen will, verrät seine Stimme, dass er etwas Unangenehmes erfährt.
Verstehe – *Hastig* Ja, gut, das erklären Sie ihm dann alles heute

Nachmittag. Ja, er kommt ganz bestimmt. Punkt sechzehn Uhr. Ich schaue vorher selbst noch kurz bei Ihnen rein. Ich habe sowieso in der Stadt zu tun, geschäftlich. Bis dann, Doktor.

EDMUND *dumpf* Das klang nicht gerade nach einer Freudenbotschaft.

Jamie bedenkt ihn mit einem mitleidigen Blick – dann sieht er wieder aus dem Fenster. Mary ist erschrocken, ihre Hände flattern erregt. Tyrone kommt herein. Man merkt ihm die angestrengte Beiläufigkeit deutlich an, mit der er sich an Edmund wendet.

TYRONE Das war Doktor Hardy. Er erwartet dich Punkt sechzehn Uhr.

EDMUND *dumpf* Was hat er gesagt? Obwohl mir das jetzt eigentlich auch egal ist.

MARY *erregt auffahrend* Dem würde ich kein Wort glauben, selbst wenn er auf einen ganzen Packen Bibeln schwört. Hör bloß nicht hin, wenn er dir was einreden will, Edmund.

TYRONE *scharf* Mary!

MARY *noch erregter* Ach, James, wir wissen doch alle ganz genau, warum du so große Stücke auf ihn hältst! Weil er billig ist! Also bitte, erzähl mir nichts! Ich weiß, was ich von Doktor Hardy zu halten habe! Das ist nach all den Jahren ja weiß Gott auch kein Kunststück! Das ist ein Ignorant! Es müsste ein Gesetz geben, das solchen Leuten das Praktizieren verbietet. Er hat keinen blassen Schimmer – Wenn man Höllenqualen leidet und schon halb wahnsinnig ist vor Schmerzen, dann sitzt er neben einem, hält Händchen und predigt Willensstärke! *Bei der Erinnerung daran verzerrt sich ihr Gesicht. Für einen Augenblick vergisst sie alle Vorsicht. Mit bitterem Hass* Er demütigt einen absichtlich! Bitten und betteln soll man vor ihm. Wie einen Verbrecher behandelt der einen! Er begreift überhaupt nichts! Und natürlich hat dir genauso ein billiger Pfuscher zum ersten Mal dieses Mittel gegeben – und wenn du merkst, was du da bekommen hast, ist es schon zu spät! *Leidenschaftlich* Ich hasse die Ärzte! Die lassen doch nichts unversucht, bloß damit man dauernd zu ihnen rennt. Die würden sogar ihre Seele verkaufen! Und deine dazu, aber das merkst du erst, wenn du dich eines Tages in der Hölle wieder findest!

EDMUND Mama! Hör um Gottes willen auf, so zu reden.
TYRONE *erschüttert* Ja, Mary, das ist jetzt wirklich nicht der richtige Augenblick –
MARY *plötzlich überwältigt von wirren Schuldgefühlen – stammelnd* Ich – Verzeih mir, Lieber. Du hast Recht. Es bringt nichts, sich jetzt noch aufzuregen.
Es herrscht wieder absolute Stille. Als sie weiterspricht, wirkt sie ruhig und gelassen, und die unheimliche Distanziertheit hat wieder Besitz von ihr ergriffen.
Wenn ihr mich bitte für einen Augenblick entschuldigen wollt, ich gehe mal rasch nach oben. Ich muss mich frisieren. *Sie fügt lächelnd hinzu.* Vorausgesetzt, ich finde meine Brille. Ich bin gleich wieder da.
TYRONE *als sie durch die Tür geht – flehend und vorwurfsvoll* Mary!
MARY *dreht sich um und sieht ihn gelassen an* Ja, Liebling? Was denn?
TYRONE *hilflos* Nichts.
MARY *mit seltsamem, spöttischem Lächeln* Wenn du so misstrauisch bist, darfst du gern mit raufkommen und auf mich aufpassen.
TYRONE Als ob das etwas nützen würde! Dann verschiebst du es doch nur. Außerdem bin ich nicht dein Aufpasser. Das hier ist kein Gefängnis.
MARY Nein. Ich weiß, du bildest dir immer noch ein, dies sei ein Zuhause. *Sie fügt mit distanzierter Zerknirschung rasch hinzu.* Entschuldige, Lieber. Ich wollte nicht so bissig sein. Du kannst ja nichts dafür.
Sie dreht sich um und verschwindet im Verbindungszimmer. Die drei Zurückgebliebenen schweigen. Sie warten, bis Mary oben ist, dann erst sprechen sie.
JAMIE *brutal und zynisch* Zeit für den nächsten Schuss!
EDMUND *wütend* Lass deine Sprüche!
TYRONE Ja! Halt bloß dein ungewaschenes Maul und spar dir diese widerliche Gossensprache für deinen Broadway, da hast du sie ja auch her. Hast du denn keinen Funken Mitleid oder Anstand im Leib? *Verliert die Beherrschung* Ich sollte dich hochkant rausschmeißen! Aber rate mal, wer hier dann rumheult und für dich bit-

tet und bettelt, tausend Entschuldigungen erfindet und mir so lange die Ohren volljammert, bis ich dich in Gnaden wieder aufnehme.

JAMIE *mit schmerzlich verzerrtem Gesicht* Herrgott nochmal, glaubst du, das wüsste ich nicht? Ich und kein Mitleid? Ich habe entsetzliches Mitleid mit ihr. Im Gegensatz zu dir weiß ich nämlich, was für einen verflucht harten Kampf sie da führt! Und meine Ausdrucksweise hat nichts mit Gefühllosigkeit zu tun. Ich habe nur klipp und klar gesagt, was wir alle wissen und womit wir ab jetzt leben müssen, mal wieder. *Bitter* Auf Dauer bringen diese ganzen Entziehungskuren doch nichts. In Wahrheit gibt es keine Rettung, wir waren bloß so dämlich, uns Hoffnungen zu machen – *Zynisch* Schluss, aus, Amen!

EDMUND *äfft seinen Bruder voller Verachtung nach* Schluss, aus, Amen! Die Sache ist längst gelaufen! Alles ein abgekartetes Spiel! Und wir sind die Dummen und Prügelknaben und haben nicht die geringste Chance! *Verächtlich* O Gott, wenn ich so denken würde wie du –

JAMIE *für einen Moment betroffen – dann achselzuckend, trocken* Ach, ich dachte, das tätest du. Deine Gedichte sind jedenfalls nicht gerade aufbauend. Und das Zeug, das du liest und angeblich so bewunderst, auch nicht. *Er zeigt auf das kleine Bücherregal im Hintergrund.* Zum Beispiel, dein Liebling mit dem schier unaussprechlichen Namen.

EDMUND Nietzsche. Du hast keine Ahnung, wovon du redest. Du hast ihn nie gelesen.

JAMIE Genug, um zu wissen, dass das alles Bockmist ist!

TYRONE Ihr haltet jetzt alle beide den Mund! Ich sehe keinen Unterschied zwischen den Lebensweisheiten, die du bei diesem faulen Broadway-Gesindel aufgeschnappt hast, und dem, was Edmund aus seinen Büchern hat. Alles verrottet bis ins Mark. Ihr habt euch alle beide von dem Glauben abgewandt, in dem ihr geboren und erzogen wurdet – dem einzig wahren Glauben, dem Glauben der katholischen Kirche – und was hat euch eure Abkehr eingebracht? Selbstzerstörung!

Seine Söhne sehen ihn verächtlich an. Ihr Streit ist vergessen, und sie machen gemeinsam gegen ihn Front.

EDMUND Das ist doch Blödsinn, Papa!

JAMIE Wenigstens heucheln wir nicht. *Bissig* Und soviel ich sehe, hast du dir vom vielen Knien in der Kirche auch noch keine Löcher in die Hosen gescheuert.

TYRONE Ja, es stimmt, ich bin ein schlechter Katholik, weil ich nicht praktiziere. Gott möge mir vergeben. Aber ich habe den Glauben! *Wütend* Außerdem lügst du! Ich gehe vielleicht nicht regelmäßig in die Kirche, aber ich habe mich bisher noch jeden Morgen und Abend hingekniet und gebetet!

EDMUND *sarkastisch* Für Mama?

TYRONE Jawohl. Ich habe all die Jahre lang für sie zu Gott gebetet.

EDMUND Dann hat Nietzsche also doch Recht. *Er zitiert aus »Also sprach Zarathustra«.* »Gott ist tot: An seinem Mitleid mit den Menschen ist Gott gestorben«.

TYRONE *reagiert nicht darauf* Und wenn eure Mutter auch gebetet hätte – Sie hat ihren Glauben zwar nie verleugnet, aber sie hat ihn vergessen, und jetzt fehlt ihr die Seelenstärke, um gegen ihren Fluch anzukämpfen. *Dann dumpf und resigniert* Aber was helfen all die Worte? Wir haben vorher schon damit gelebt, und jetzt müssen wir es eben wieder tun. Da hilft alles nichts. *Bitter* Wenn sie mir diesmal bloß nicht so viel Hoffnung gemacht hätte. Aber das war bei Gott das letzte Mal!

EDMUND Wie kannst du nur so reden, Papa! *Trotzig* Ich habe die Hoffnung jedenfalls noch nicht aufgegeben! Sie hat doch gerade erst damit angefangen. Es kann sie noch nicht völlig im Griff haben. Noch kann sie aufhören. Ich werde mit ihr reden.

JAMIE *achselzuckend* Du kannst jetzt nicht mit ihr reden. Sie wird dir zuhören und doch nicht zuhören. Sie wird hier sein und doch nicht hier sein. Du weißt ja, wie sie dann ist.

TYRONE Ja, so wirkt das Zeug immer bei ihr. Und von jetzt an wird sie tagsüber immer weiter von uns wegdriften, bis sie dann schließlich spät in der Nacht –

EDMUND *unglücklich* Hör auf, Papa! *Er springt vom Sessel auf.* Ich geh mich umziehen. *Im Hinausgehen, bitter* Ich werde so viel Lärm machen, dass sie erst gar nicht auf die Idee kommt, ich würde ihr nachspionieren. *Er verschwindet im Salon, und man hört ihn die Treppe hochpoltern.*

JAMIE *nach einer Pause* Was hat Doktor Hardy wegen des Kleinen gesagt?

TYRONE *dumpf* Du hattest Recht. Es ist Schwindsucht.

JAMIE Scheiße!

TYRONE Jeder Zweifel sei ausgeschlossen.

JAMIE Dann muss er in ein Sanatorium.

TYRONE Ja. Und zwar je eher, desto besser, für ihn wie für seine Umgebung, sagt Hardy. Er behauptet, dass Edmund in sechs Monaten, höchstens einem Jahr geheilt ist, wenn er sich strikt an die Anordnungen hält. *Er seufzt. Düster und vorwurfsvoll* Ich hätte nie gedacht, dass einmal eins von meinen Kindern – Aus meiner Familie kommt es jedenfalls nicht. Bei uns hatten alle Lungen wie die Ochsen.

JAMIE Das interessiert doch jetzt wirklich kein Aas. Wo will Hardy ihn denn hinschicken?

TYRONE Das möchte ich ja nachher mit ihm besprechen.

JAMIE Dann such um Gottes willen was Anständiges raus und kein billiges Loch!

TYRONE *getroffen* Ich richte mich ganz nach Hardys Empfehlung!

JAMIE Na fein, aber dann komm Hardy bloß nicht mit der alten Leier, dass du vor lauter Steuern und Hypotheken schon mit einem Bein im Armenhaus stehst.

TYRONE Ich bin kein Millionär, der sein Geld zum Fenster rausschmeißen kann! Warum soll ich Hardy nicht die Wahrheit sagen?

JAMIE Weil er dann glaubt, er soll ein billiges Drecksloch raussuchen, und weil er sowieso weiß, dass es nicht die Wahrheit ist – vor allem, wenn er dann später erfährt, dass du dich anschließend mit McGuire getroffen hast und dir dieser aalglatte Gauner schon wieder ein mieses Grundstück angedreht hat!

TYRONE *wütend* Meine Geschäfte gehen dich einen Dreck an!

JAMIE Es geht nicht um deine Geschäfte, es geht um Edmund. Ich habe einfach Angst, dass in deinem sturen irischen Bauernschädel immer noch die vernagelte Vorstellung steckt, Schwindsucht sei sowieso unheilbar, und deswegen wäre es pure Geldverschwendung, mehr auszugeben als unbedingt nötig.

TYRONE Du lügst!

JAMIE Na schön. Dann beweis mir, dass ich lüge. Ich lasse mich gern vom Gegenteil überzeugen. Darum habe ich die Sache überhaupt nur zur Sprache gebracht.
TYRONE *seine Wut ist noch nicht verraucht.* Selbstverständlich habe ich die feste Hoffnung, dass Edmund geheilt wird. Und du, zerreiß dir nicht das Maul über Irland! Du hast es gerade nötig zu lästern. Dir steht der Ire doch ins Gesicht geschrieben!
JAMIE Aber nur, wenn ich es nicht gewaschen habe.
Bevor sein Vater auf diese Beleidigung der guten alten Heimat reagieren kann, fügt er achselzuckend und trocken hinzu.
So, das war's, was ich sagen wollte. Entscheiden musst du. *Unvermittelt* Was soll ich heute Nachmittag für dich erledigen, solang du in der Stadt bist? An der Hecke kann ich erst wieder was tun, wenn du sie weitergeschnitten hast. Dass ich da weitermache, wo du aufgehört hast, willst du ja sicher nicht.
TYRONE Nein. Du versaust sie nur, wie alles, was du in die Finger kriegst.
JAMIE Gut, dann fahre ich mit Edmund zusammen in die Stadt. Wenn er nach der Sache mit Mama jetzt auch noch die Hiobsbotschaft von Doktor Hardy verkraften muss, dann könnte das ein bisschen happig für ihn werden.
TYRONE *vergisst seinen Ärger* Ja, Jamie, begleite ihn nur. Versuch, ihn ein wenig aufzumuntern. *Er fügt sarkastisch hinzu.* Aber möglichst nicht mit einem Besäufnis.
JAMIE Wovon sollte ich das bezahlen? Schnaps kostet Geld. Gratis gibt's den noch nicht. *Er geht zur Tür zum Salon.* Ich zieh mich jetzt um.
Er sieht seine Mutter aus der Diele kommen, bleibt in der Tür stehen und tritt beiseite, um sie vorbeizulassen. Ihre Augen glänzen noch mehr, und sie wirkt noch entrückter. Dieser Eindruck verstärkt sich im Verlauf der Szene noch.
MARY Du hast nicht zufällig irgendwo meine Brille gesehen, Jamie? *Sie sieht ihn dabei nicht an. Er schaut weg und überhört ihre Frage, auf die sie anscheinend auch keine Antwort erwartet. Sie kommt nach vorn und wendet sich, ohne ihn anzusehen, an ihren Mann.*

Du auch nicht, James?
Jamie geht hinter ihr durch den Salon ab.
TYRONE *wendet sich um und schaut durch die Drahtgittertür hinaus* Nein, Mary.
MARY Was ist denn mit Jamie los? Hast du wieder an ihm rumkritisiert? Du darfst ihn nicht immer so abkanzeln. Er kann ja nichts dafür. Wenn er in einem richtigen Zuhause aufgewachsen wäre, hätte er sich bestimmt ganz anders entwickelt. *Sie geht zu den Fenstern links. Leichthin* Als Wetterfrosch taugst du aber nicht viel, Liebling. Schau nur, wie dunstig es wird. Ich kann das andere Ufer kaum noch erkennen.
TYRONE *um einen normalen Tonfall bemüht* Tja, da war ich wohl etwas voreilig. Ich fürchte, uns steht wieder eine neblige Nacht bevor.
MARY Na, wenn schon, heute stört's mich nicht.
TYRONE Nein, Mary, vermutlich nicht.
MARY *wirft ihm einen raschen Blick zu* Jamie lässt sich unten an der Hecke ja gar nicht blicken. Wo steckt er denn?
TYRONE Er begleitet Edmund zum Arzt. Er ist oben und zieht sich um. *Froh über den Vorwand, sich von ihr entfernen zu können* Das muss ich jetzt schleunigst auch tun, sonst komme ich zu spät zu meiner Verabredung im Club.
Er will zur Salontür, aber Mary hält ihn rasch und impulsiv am Arm fest.
MARY *flehend* Bitte, geh noch nicht gleich, Liebling. Ich mag nicht allein sein. *Hastig* Du hast doch noch viel Zeit. Sonst gibst du auch immer damit an, dass du zehnmal schneller umgezogen bist als die Jungs. *Vage* Irgendwas wollte ich dir noch sagen. Was war das bloß? Ich hab's vergessen. Ich bin froh, dass Jamie mit in die Stadt geht. Du hast ihm hoffentlich kein Geld gegeben.
TYRONE Selbstverständlich nicht.
MARY Er würde sich doch nur betrinken, und du weißt ja, wie giftig er dann ist. Von mir aus kann er heute Abend sagen, was er will, aber dich bringt er mit seinem Gerede immer in Rage, vor allem, wenn du selber nicht mehr ganz nüchtern bist. Und das dürfte heute Abend ja wohl der Fall sein.

TYRONE *beleidigt* Ach was. Ich bin nie betrunken.
MARY *hänselt ihn unbeteiligt* Stimmt, du verträgst eine ganze Menge. Das war schon immer so. Ein Fremder würde dir nichts anmerken, aber nach 35 Ehejahren –
TYRONE Ich habe in meinem ganzen Leben noch keine einzige Vorstellung geschmissen. Da hast du den Beweis! *Dann bitter* Und selbst wenn ich mich betrinken würde, solltest du wirklich die Letzte sein, die mir deswegen Vorwürfe macht. Wenn je einer Grund gehabt hat, sich zu besaufen, dann doch wohl ich.
MARY Grund? Welchen Grund denn? Du trinkst doch immer zu viel, wenn du in den Club gehst, oder etwa nicht? Vor allem, wenn du dich mit McGuire triffst. Dafür sorgt der schon. Ich kritisiere dich ja gar nicht, Liebling. Du kannst tun und lassen, was dir Spaß macht. Mich stört das nicht.
TYRONE Ich weiß. *Er wendet sich zur Salontür, strebt von ihr weg.* Ich muss mich jetzt umziehen.
MARY *hält ihn wieder am Arm fest – flehend* Nein, bitte bleib noch ein bisschen, Liebling. Wenigstens bis einer von den Jungs wieder runterkommt. Ihr verlasst mich ja doch bald alle.
TYRONE *bitter und traurig* Nein, Mary, du verlässt uns.
MARY Ich? So ein Unsinn, James. Wie könnte ich euch verlassen? Ich kann doch nirgendwo hin. Wen sollte ich denn besuchen? Ich habe keine Freunde.
TYRONE Das ist deine eigene Schuld – *Er hält inne und seufzt hilflos. Eindringlich* Etwas Gutes könntest du dir heute Nachmittag allerdings schon tun, Mary. Fahr ein bisschen mit dem Wagen spazieren. Weg vom Haus. Sieh zu, dass du ein bisschen an die frische Luft und in die Sonne kommst. *Gekränkt* Ich habe dir doch extra das Auto gekauft. Du weißt, ich selber kann die blöden Dinger nicht ausstehen. Ich gehe viel lieber zu Fuß oder nehme die Straßenbahn. *Mit wachsendem Unmut* Ich wollte dich damit überraschen nach deinem Aufenthalt im Sanatorium. Ich hatte gehofft, es würde dir Freude machen und dich ablenken. Zuerst bist du ja auch täglich damit herumkutschiert, aber in letzter Zeit hast du es kaum noch benutzt. Finanziell hätte ich es mir eigentlich überhaupt nicht leisten können, und der Chauffeur verlangt schließlich auch noch

Kost und Logis und ein immenses Gehalt von mir, egal, ob er dich spazieren fährt oder nicht. *Bitter* Alles Geldverschwendung! Deswegen lande ich im Alter nochmal im Armenhaus. Und was hat es dir genützt? Ich hätte das Geld genauso gut aus dem Fenster schmeißen können.

MARY *distanziert und ruhig* Ja, James, das war Geldverschwendung. Du hättest eben keinen Gebrauchtwagen kaufen sollen. Man hat dich mal wieder wie üblich übers Ohr gehauen, weil du dir immer noch einbildest, man würde ein besonders gutes Geschäft machen, wenn man alles nur günstig aus zweiter Hand kauft.

TYRONE Der Wagen ist ein absolutes Spitzenfabrikat. Besser als jeder neue, das sagen alle!

MARY *geht nicht darauf ein* Und Smythe zu engagieren war auch Geldverschwendung. Das ist gar kein richtiger Chauffeur, der hat bisher doch nur in der Autowerkstatt gearbeitet. Ja, ich weiß schon, deshalb kriegt er auch weniger Gehalt als ein gelernter Chauffeur, aber, glaub mir, dafür hält er sich bestimmt mehr als schadlos durch die Prozente, die er von der Werkstatt für die ständigen Reparaturen kassiert. Irgendwas ist an dem Wagen doch immer kaputt. Dafür sorgt notfalls schon Smythe, verlass dich drauf.

TYRONE Das glaube ich nie und nimmer! Er ist vielleicht kein geleckter Millionärslakei, aber er ist ehrlich! Du bist genauso schlimm wie Jamie. Du musst auch immer jeden verdächtigen!

MARY Jetzt sei doch nicht gleich beleidigt, Liebling. Ich war's ja auch nicht, als du mir das Auto geschenkt hast. Ich wusste ja, du wolltest mich nicht demütigen. Das ist nun mal deine Art. Ich war dankbar und gerührt. Weil ich wusste, dass du über deinen eigenen Schatten gesprungen bist, um dieses Auto zu kaufen. Und das hat mir bewiesen, wie sehr du mich doch liebst, auf deine Weise eben, vor allem, weil du selber nicht daran geglaubt hast, dass es mir helfen würde.

TYRONE Mary! *Er zieht sie plötzlich an sich. Mit gebrochener Stimme* Mary, Liebste! Um Gottes willen, um meiner, um der Kinder und um deiner selbst willen, kannst du denn jetzt nicht wieder damit aufhören?

MARY *stammelt in momentaner schuldbewusster Verwirrung* Ich –

James! Bitte! *Ihre seltsame, störrische Abwehrhaltung setzt sofort wieder ein.* Aufhören? Womit? Wovon redest du?
Er lässt geschlagen seinen Arm sinken. Sie schlingt impulsiv den Arm um ihn.
James! Wir haben uns doch geliebt! Und wir werden uns immer lieben! Lass uns nur daran denken und nicht versuchen, das Unbegreifliche zu begreifen oder das Unabänderliche zu ändern – all das, was uns das Leben angetan hat und wofür es keine Entschuldigung oder Erklärung gibt.

TYRONE *als hätte er nichts gehört – bitter* Du willst es nicht einmal versuchen?

MARY *lässt hoffnungslos die Arme sinken und wendet sich ab – distanziert* Mit einer kleinen Spazierfahrt heute Nachmittag, meinst du? Na schön, wenn du das möchtest, obwohl ich mich dann noch einsamer fühlen werde als hier im Haus. Ich kenne niemand, den ich zu einem Ausflug einladen könnte, und ich weiß eigentlich auch nie so recht, wohin ich mich von Smythe chauffieren lassen soll. Ja, wenn ich eine Freundin besuchen könnte, um ein bisschen mit ihr zu lachen und zu plaudern. Aber eine Freundin habe ich hier natürlich nicht. Und hatte auch nie eine. *Sie wirkt immer abwesender.* In der Klosterschule, da hatte ich viele Freundinnen. Mädchen, deren Familien in wunderschönen Häusern wohnten. Ich habe sie besucht, und sie kamen mich in meinem Elternhaus besuchen. Aber nachdem ich dann einen Schauspieler geheiratet hatte – du weißt ja, in welchem Ruf Schauspieler damals noch standen – da haben mir die meisten die kalte Schulter gezeigt. Und gleich nach unserer Hochzeit gab's dann den Skandal, weil dich diese Frau, deine ehemalige Geliebte, bei Gericht verklagt hat. Von da an wurde ich von meinen alten Freundinnen entweder bemitleidet oder total geschnitten. Diejenigen, die mich geschnitten haben, waren mir noch lieber als die, denen ich einfach nur Leid tat.

TYRONE *schuldbewusst und gereizt* Herrgott, nun grab doch nicht wieder diese alten Geschichten aus. Wenn du dich am frühen Nachmittag schon so tief in der Vergangenheit verirrt hast, wo soll das dann heute Abend noch enden?

MARY *sieht ihn jetzt trotzig an* Wenn ich's mir recht überlege, muss ich ja heute doch mit dem Auto in die Stadt. Ich brauche etwas aus der Apotheke.

TYRONE *mit bitterem Hohn* Du sorgst schon dafür, dass dir dein heimlicher Vorrat an dem Zeug nicht ausgeht. Und an den nötigen Rezepten fehlt's ja auch nicht. Hoffentlich legst du dir jetzt schon ein ordentliches Lager an, damit wir nicht nochmal so eine Nacht erleben müssen wie die, als du im Nachthemd schreiend und halb wahnsinnig aus dem Haus gerannt bist, um dich von der Hafenmauer ins Wasser zu stürzen!

MARY *will dies ignorieren* Ich muss Zahnpasta und Toilettenseife und Hautcreme kaufen – *Sie bricht jämmerlich zusammen.* James! Du darfst mich nicht daran erinnern! Demütige mich doch nicht so!

TYRONE *beschämt* Es tut mir Leid. Verzeih mir, Mary!

MARY *wieder abwehrend und distanziert* Schon gut. So etwas ist ja nie passiert. Das musst du geträumt haben.

Er starrt sie hoffnungslos an. Ihre Stimme scheint immer weiter wegzudriften.

Ich war kerngesund, bevor Edmund geboren wurde. Weißt du noch, James? So was wie Nerven kannte ich überhaupt nicht. Sogar das Reisen mit dir, eine Spielzeit nach der anderen, Woche um Woche jede Nacht woanders, in Zügen ohne Schlafwagen, in schmutzigen Zimmern und verkommenen Hotels, dazu das miserable Essen und dann auch noch die Geburten im Hotelzimmer, all das habe ich unbeschadet überstanden. Aber als dann Edmund kam, das hat mir den Rest gegeben. Danach wurde ich sterbenskrank und der billige Hotelarzt, dieser ahnungslose Kurpfuscher – Der sah nur, dass ich Schmerzen hatte. Und dagegen hatte er ein einfaches Mittel.

TYRONE Mary! Um Himmels willen, vergiss die Vergangenheit!

MARY *mit seltsam sachlicher Gelassenheit* Warum? Wie könnte ich das? Die Vergangenheit ist doch die Gegenwart, nicht wahr? Und auch die Zukunft. Daran wollen wir uns alle vorbeimogeln, aber das lässt das Leben nicht zu. Ich gebe nur mir allein die Schuld. Nach Eugenes Tod habe ich mir geschworen, nie mehr ein Kind zu bekommen. Ich war ja schuld an seinem Tod. Wenn ich ihn nicht bei meiner Mutter gelassen hätte, um dich auf der Tournee zu begleiten,

weil in deinem Brief stand, du würdest mich so sehr vermissen und dich einsam fühlen, dann wäre Jamie mit seinen Masern doch nie ins Eugenes Kinderzimmer gekommen. *Ihre Miene verhärtet sich.* Ich bin immer überzeugt gewesen, dass es Jamie absichtlich gemacht hat. Er war eifersüchtig auf das Baby. Er hat es gehasst. *Als Tyrone widersprechen will*
Ja, ja, ich weiß, Jamie war damals erst sieben, aber nicht dumm. Man hatte ihm eingeschärft, dass ein kleines Kind an Masern sterben kann. Er wusste genau Bescheid. Ich habe ihm das nie verzeihen können.

TYRONE *bitter und traurig* Bist du jetzt bei Eugene angelangt? Kannst du unser totes Kind denn nicht in Frieden ruhen lassen?

MARY *als hätte sie nichts gehört* Es war meine Schuld. Ich hätte bei Eugene bleiben müssen und mich nicht beschwatzen lassen sollen, dich auf der Tournee zu begleiten, bloß weil ich dich liebte. Und vor allem hätte ich mir von dir nicht einreden lassen dürfen, noch ein Kind zu bekommen – als Ersatz für Eugene – weil du dachtest, das würde mir helfen, seinen Tod zu vergessen. Dabei wusste ich doch schon damals aus Erfahrung, dass Kinder ein richtiges Zuhause brauchen, wenn sie gut aufwachsen sollen, und dass Mütter ein anständiges Zuhause brauchen, um gute Mütter zu sein. Ich hatte die ganze Zeit Angst, als ich mit Edmund schwanger war. Ich wusste, dass etwas Schreckliches passieren würde. Ich wusste, dass ich nicht würdig war, nochmal ein Kind zu bekommen, weil ich Eugene im Stich gelassen hatte. Und ich wusste, dass Gott mich bestrafen würde, wenn ich es trotzdem tat. Ich hätte Edmund nie auf die Welt bringen dürfen.

TYRONE *mit besorgtem Blick durch den Salon* Mary! Überleg dir, was du sagst. Wenn er dich hören würde, könnte er glauben, du hättest ihn nie gewollt. Es geht ihm sowieso schon mies genug –

MARY *heftig* Das ist nicht wahr! Ich habe ihn gewollt! Mehr als alles auf der Welt! Du verstehst mich einfach nicht! Es geht mir doch nur um ihn. Er ist nie glücklich gewesen, und er wird es nie sein. Und gesund auch nicht. Er ist schon so nervös und empfindlich auf die Welt gekommen, und daran bin ich schuld. Und seit er jetzt so krank ist, muss ich dauernd an Eugene und meinen Vater denken,

und ich bekomme solche Angst und solche Schuldgefühle – *Sie fängt sich und leugnet plötzlich wieder störrisch.* Ach, ich weiß ja, es ist ganz töricht, sich so schreckliche Sachen vorzustellen, wenn absolut kein Grund dazu besteht. Jeder fängt sich mal eine Grippe ein und wird sie auch genauso rasch wieder los.
Tyrone sieht sie an und seufzt hilflos. Er wendet sich zur Salontür und sieht Edmund die Treppe in der Diele herunterkommen.
TYRONE *zischt* Edmund kommt. Jetzt reiß dich um Gottes willen zusammen – wenigstens so lange, bis er aus dem Haus ist. Das ist das Mindeste, was du für ihn tun kannst!
Er wartet und zwingt sich, eine gut gelaunte väterliche Miene aufzusetzen. Mary wartet ängstlich; nervöse Panik hat wieder Besitz von ihr ergriffen, ihre Hände flattern in fahrigen ziellosen Bewegungen nervös über ihren Ausschnitt, dann hoch zum Hals und den Haaren. Als Edmund in der Tür erscheint, kann sie ihn nicht ansehen. Sie geht rasch zu den Fenstern rechts, steht dabei mit dem Rücken zum Salon. Edmund tritt ein. Er trägt jetzt einen von der Stange gekauften Anzug aus blauem Serge, einen gestärkten Kragen, Krawatte und schwarze Schuhe.
Mit theaterhafter Herzlichkeit Donnerwetter! Picobello! Ich wollte auch gerade rauf, mich umziehen. *Er will an ihm vorbei.*
EDMUND *trocken* Augenblick mal, Papa. Ich weiß, es ist ein unerquickliches Thema, aber wie steht's mit dem Fahrgeld? Ich bin pleite!
TYRONE *setzt automatisch zu seiner üblichen Predigt an* Du wirst immer pleite sein, solange du es nicht lernst, den Wert – *Er stockt schuldbewusst und sieht seinem kranken Sohn besorgt und mitleidig ins Gesicht.* Aber in der Beziehung hast du ja schon dazugelernt, mein Junge. Bis zu deiner Krankheit hast du gerackert. Du machst dich wirklich prächtig. Ich bin stolz auf dich.
Er zieht ein kleines Bündel Geldscheine aus der Hosentasche und wählt sorgsam einen aus. Edmund nimmt ihn. Er wirft einen Blick auf den Schein und macht ein erstauntes Gesicht. Sein Vater reagiert darauf wie üblich – sarkastisch.
Danke schön. *Er zitiert.* »Undankbarkeit, du marmorherz'ger Teufel –«

EDMUND »– wenn du dich zeigst im Kinde«. Ich weiß. Lass mich doch erst mal Luft holen, Papa. Ich bin absolut sprachlos. Das ist nicht bloß ein Dollar. Das ist ein Zehner.
TYRONE *die eigene Großzügigkeit macht ihn verlegen* Nun steck schon ein. Wahrscheinlich triffst du ja in der Stadt ein paar Freunde, und wie willst du mit denen was unternehmen, ohne einen Cent in der Tasche?
EDMUND Das war also kein Versehen? Mensch, Papa, vielen Dank. *Er ist für einen Augenblick wirklich erfreut und dankbar – dann sieht er seinen Vater misstrauisch und zweifelnd an.* Aber wieso auf einmal? –? *Zynisch* Hat dir Doktor Hardy etwa gesagt, dass ich es nicht mehr lange mache? *Dann merkt er, dass er seinen Vater tief verletzt hat.* Nein! Das war fies. Ich hab's nicht ernst gemeint, Papa. *Er legt seinem Vater impulsiv den Arm um die Schulter und drückt ihn liebevoll.* Ich bin dir wirklich sehr dankbar. Ehrlich, Papa.
TYRONE *erwidert gerührt die Umarmung* Gern geschehen, Junge.
MARY *fährt in einem wirren Anfall aus Angst und Ärger plötzlich zu ihnen herum* So geht das nicht! *Sie stampft mit dem Fuß auf.* Hast du gehört, Edmund! Dieser morbide Unsinn! Von wegen du müsstest sterben! Daran sind nur die Bücher schuld, die du liest! Nichts als Trübsinn und Tod! Dein Vater sollte sie dir wegnehmen. Und ein paar von deinen eigenen Gedichten sind sogar noch schlimmer! Man könnte meinen, du wolltest gar nicht mehr leben! Ein junger Mensch in deinem Alter, der noch das ganze Leben vor sich hat! Das ist doch alles bloß eine Pose, die du aus deinen Büchern hast! In Wahrheit bist du überhaupt nicht krank!
TYRONE Mary! Sei doch still!
MARY *sofort in unbeteiligtem Ton* Aber James, es ist doch wirklich lächerlich, dass Edmund so verdüstert ist und völlig grundlos ein solches Theater macht. *Sie wendet sich zu Edmund, sieht ihn aber nicht an – neckt ihn liebevoll.* Mach dir nichts draus, Lieber. Ich hab dich längst durchschaut. *Sie geht zu ihm.* Du willst nur mal wieder so richtig verwöhnt und verhätschelt werden, stimmt's? Du bist eben immer noch ein richtiges Baby.
Sie legt den Arm um ihn und drückt ihn an sich. Er bleibt starr und steif. Ihre Stimme zittert.

Aber bitte übertreib's nicht, Junge. Sag nicht so furchtbare Sachen. Es ist natürlich ganz albern von mir, so was ernst zu nehmen, aber so bin ich nun mal. Du hast mir – einen Mordsschrecken eingejagt. *Sie bricht zusammen und verbirgt schluchzend das Gesicht an seiner Schulter. Edmund ist wider Willen gerührt. Er tätschelt ihr unbeholfen und zärtlich die Schulter.*
EDMUND Nicht doch, Mutter.
Er und sein Vater schauen sich an.
TYRONE *heiser – sich an eine vergebliche Hoffnung klammernd* Du wolltest deine Mutter doch um etwas bitten – das könntest du doch vielleicht jetzt tun – *Er hantiert mit seiner Uhr.* O Gott, schon so spät! Jetzt muss ich mich aber ranhalten.
Er eilt durch den Salon hinaus. Mary hebt den Kopf. Sie gibt sich jetzt wieder auf distanzierte Weise mütterlich besorgt. Sie scheint die Tränen, die ihr noch in den Augen stehen, vergessen zu haben.
MARY Wie fühlst du dich, Lieber? *Sie legt ihm die Hand auf die Stirn.* Deine Stirn ist ein wenig heiß, aber das kommt sicher nur von der Sonne. Du siehst schon viel besser aus als heute Morgen. *Nimmt seine Hand* Komm, setz dich. Du darfst nicht so lange stehen. Du musst mit deinen Kräften jetzt haushalten.
Sie drückt ihn in einen Sessel, setzt sich auf die Lehne und legt ihm den Arm um die Schulter, damit er sie nicht ansehen kann.
EDMUND *platzt mit seiner Bitte heraus, obwohl er sich inzwischen nichts mehr davon verspricht* Hör mal, Mama –
MARY *unterbricht ihn rasch* Aber, aber. Sag jetzt nichts. Lehn dich zurück und ruh dich aus. *Eindringlich* Weißt du was? Ich glaube, es wäre viel besser für dich, du würdest heute Nachmittag zu Hause bleiben und dich von mir pflegen lassen. Bei dieser Hitze heute ist die Fahrt in die Stadt mit der alten, schmutzigen Straßenbahn viel zu anstrengend für dich. Bei mir hier bist du bestimmt viel besser aufgehoben.
EDMUND *dumpf* Du vergisst, dass ich einen Termin bei Doktor Hardy habe. *Er versucht nochmal, seine Bitte vorzubringen.* Hör mal, Mama –
MARY *rasch* Du kannst doch anrufen und sagen, du fühlst dich nicht gut. *Erregt* Es ist reine Zeit- und Geldverschwendung, wenn du ihn

aufsuchst. Der tischt dir doch nur irgendwelche Lügen auf. Er wird versuchen, dir irgendeine ernsthafte Krankheit einzureden, damit verdient er ja schließlich seine Brötchen. *Sie lacht hart und hämisch.* Dieser Trottel! Seine medizinischen Kenntnisse beschränken sich darauf, ein feierliches Gesicht zu machen und Willenstärke zu predigen!

EDMUND *versucht, ihr ins Gesicht zu sehen* Mama! Bitte, hör doch mal! Ich möchte dich um etwas bitten! Du – du hast doch gerade erst damit angefangen. Noch kannst du aufhören. Die Willenskraft dazu hast du! Wir alle helfen dir dabei. Ich tu alles, was du willst. Was ist, Mama?

MARY *stammelt flehentlich* Bitte nicht – red nicht von Dingen, die du nicht verstehst!

EDMUND *dumpf* Na gut. Ich geb's auf. Ich wusste, es ist sinnlos.

MARY *leugnet jetzt glatt* Ich weiß auch überhaupt nicht, worauf du anspielst. Ich weiß nur, dass du wirklich der Letzte sein solltest, der – Gleich nach meiner Rückkehr aus dem Sanatorium musstest du krank werden. Der Arzt dort hat mir für Zuhause strikte Ruhe und keinerlei Aufregungen verordnet. Und was ist? Seit ich wieder hier bin, machst du mir nur Kummer. *Dann zerstreut* Aber das soll keine Ausrede sein. Ich versuche es dir nur zu erklären. Es soll keine Ausrede sein! *Sie drückt ihn an sich. Flehentlich* Versprich mir, Lieber, dass du nicht glaubst, ich würde dich als Ausrede benutzen.

EDMUND *bitter* Was soll ich denn sonst glauben?

MARY *nimmt langsam den Arm von seiner Schulter – sie wirkt wieder distanziert und sachlich* Ja, diesen Verdacht musst du jetzt wohl haben.

EDMUND Was erwartest du eigentlich?

MARY Nichts. Dich trifft keine Schuld. Wie solltest du mir auch glauben können – wenn ich mir selbst nicht glauben kann? Ich bin zur Lügnerin geworden. Es gab einmal eine Zeit, da habe ich nie gelogen. Jetzt muss ich lügen, und am meisten muss ich mich selbst belügen. Aber wie solltest du verstehen, was ich selbst nicht verstehe. Ich habe es nie verstanden – doch eines Tages vor langer, langer Zeit, da merkte ich, dass meine Seele nicht mehr mir gehört. *Sie hält inne – senkt dann die Stimme zu einem seltsamen, vertrau-*

lichen Flüstern. Aber es kommt der Tag, Lieber, da finde ich sie wieder – es kommt der Tag, wo es dir wieder ganz gut geht und du gesund, glücklich und erfolgreich bist und ich mich nicht mehr schuldig zu fühlen brauche – es kommt der Tag, an dem die Heilige Jungfrau Maria mir verzeiht und den Glauben an ihre Liebe und Barmherzigkeit zurückgibt, den ich auf der Klosterschule hatte, es kommt der Tag, an dem ich wieder zu ihr beten kann – und wenn sie sieht, dass es auf der ganzen Welt keinen einzigen Menschen mehr gibt, der auch nur eine Sekunde lang an mich glauben kann, dann wird sie an mich glauben, und mit ihrer Hilfe wird alles ganz einfach sein. Ich werde mich selbst vor Höllenqualen schreien hören, und gleichzeitig werde ich lachen, weil ich meiner selbst so sicher bin.
Als Edmund weiter hoffnungslos schweigt, fügt sie traurig hinzu.
Das kannst du mir natürlich auch nicht glauben. *Sie steht von der Sessellehne auf, geht zu den Fenstern links, kehrt ihm den Rücken zu und starrt hinaus. Beiläufig* Fahr du ruhig in die Stadt. Ich hatte ganz vergessen, dass ich ja noch mit dem Auto weg wollte. Ich muss in die Apotheke. Dorthin wirst du mich wohl kaum begleiten wollen. Das wäre dir nur entsetzlich peinlich.

EDMUND *gebrochen* Mama! Nicht!

MARY Die zehn Dollar, die du von deinem Vater bekommen hast, wirst du vermutlich mit Jamie teilen. Ihr teilt ja immer alles, stimmt's? Wie richtig gute Kumpel. Na, was Jamie mit seinem Anteil macht, das weiß ich schon. Er wird sich irgendwo betrinken, wo er die einzige Sorte Frauen trifft, mit denen er etwas anfangen kann und die ihm gefallen. *Sie wendet sich ihm zu, ängstlich flehend.* Edmund! Versprich mir, dass du nichts trinkst! Das ist zu gefährlich! Du weißt, was dir Doktor Hardy gesagt hat –

EDMUND *bitter* Ich denke, das ist ein Trottel!

MARY *kläglich* Edmund!

Man hört Jamies Stimme aus dem Salon.

JAMIE »Los, Kleiner, Abmarsch.«

Mary gibt sich sofort wieder distanziert.

MARY Geh nur, Edmund. Jamie wartet. *Sie geht zur Salontür.* Dein Vater kommt auch schon die Treppe runter.

Man hört Tyrones Stimme.

TYRONE »Auf geht's, Edmund.«
MARY *küsst ihn mit distanzierter Zärtlichkeit* Auf Wiedersehen, Lieber. Wenn ihr zum Abendessen nach Hause kommt, dann sieh aber zu, dass es nicht zu spät wird. Und sag das auch deinem Vater. Du weißt ja, wie Bridget ist.
Er dreht sich um und läuft hinaus.
Tyrone ruft aus der Diele: »Wiedersehen, Mary«, *dann Jamie:* »Wiedersehen, Mama.«
Sie erwidert.
Wiedersehen.
Man hört die Haustür hinter ihnen ins Schloss fallen. Sie kommt nach vorn und bleibt am Tisch stehen, eine Hand trommelt auf der Tischplatte, die andere streicht fahrig über ihr Haar. Mit ängstlichem, verlorenem Blick mustert sie das Zimmer und flüstert.
Es ist so einsam hier. *Dann bekommt ihr Gesicht den harten Ausdruck bitterer Selbstverachtung.* Du lügst dir schon wieder etwas vor. Du wolltest sie ja loswerden. Ihre Verachtung und ihr Ekel sind auch nicht besonders unterhaltsam. Du bist doch froh, dass sie weg sind. *Sie lacht verzweifelt auf.* Aber Heilige Mutter Gottes, warum fühle ich mich dann so einsam?

Vorhang

Dritter Akt

Derselbe Schauplatz, gegen halb sieben Uhr abends. Das Wohnzimmer liegt im Dämmerlicht, früher als sonst, denn der Nebel ist von der Landzunge heraufgestiegen und verdeckt die Fenster von außen wie ein zugezogener, weißer Vorhang. Vom Leuchtturm vor der Hafeneinfahrt klagt ein Nebelhorn wie ein kranker Wal in regelmäßigen Abständen herüber, und im Hafenbecken läuten immer wieder warnend die Schiffsglocken der vertäuten Segeljachten.
Das Tablett mit der Whiskyflasche, den Gläsern und dem Wasserkrug steht wieder auf dem Tisch, wie in der Szene vor dem Mittagessen.
Man erkennt Mary mit dem zweiten Hausmädchen. Cathleen steht rechts vom Tisch. Sie hält ein leeres Whiskyglas, als hätte sie vergessen, es abzustellen. Sie ist angetrunken, mit einem zufriedenen, geschmeichelten und etwas albernen Lächeln im dümmlich-gutmütigen Gesicht.
Mary ist blasser geworden, und ihre Augen strahlen in unnatürlichem Glanz. Ihre seltsame Entrücktheit hat sich verstärkt. Sie hat sich noch tiefer in sich zurückgezogen und findet Zuflucht und Befreiung in einem Traum, in dem sie die wirkliche Gegenwart nur noch anteilslos als Schattenspiel aufnimmt, mit hartem Zynismus verwirft oder vollständig übersieht. Hin und wieder bricht aus ihr eine leicht unheimliche, fröhliche und unbeschwerte Jugendlichkeit hervor, als wäre sie, umstandslos und unbefangen, wieder in das naive, glücklich plappernde Schulmädchen aus ihren Klostertagen zurückgeschlüpft. Sie trägt das Kleid, das sie für ihre Fahrt in die Stadt angezogen hat, ein schlichtes, ziemlich teures Stück, das ihr ausgezeichnet stünde, hätte sie es nicht so achtlos und schlampig übergestreift. Auch ihre Frisur ist nicht mehr tadellos, sondern wirkt strähnig und wie verrutscht. Ihr Ton Cathleen gegenüber ist familiär und vertraulich, als spräche sie nicht mit einem Dienstboten, sondern mit einer lieben alten Freundin. Als der Vorhang sich hebt, steht sie an der Veranda und schaut hinaus. Man hört das Nebelhorn klagen.

MARY *amüsiert – mädchenhaft* Also nein, dieses Nebelhorn! Richtig gruselig, Cathleen, findest du nicht?
CATHLEEN *vertraulicher als sonst, aber nie absichtlich unverschämt, denn sie hat ihre Dienstherrin wirklich gern* Und wie, Ma'am. Als wär's eine verlor'ne Seele.
Mary spricht weiter, als hätte sie nichts gehört. In dem folgenden Dialog hat man fast immer das Gefühl, dass ihr Cathleens Anwesenheit nur als Vorwand dient, um weiterreden zu können.
MARY Heute Abend stört's mich nicht. Aber gestern Nacht, da hat es mich fast wahnsinnig gemacht. Ich lag wach und habe mir solche Sorgen gemacht, dass ich es nicht mehr aushalten konnte.
CATHLEEN Zum Teufel damit. Ich wär auf der Rückfahrt von der Stadt fast gestorben vor Angst. Hab die ganze Zeit gedacht, der Smythe, der hässliche Knilch, der fährt uns jeden Moment in den Graben oder gegen 'nen Baum. Man hat ja die Hand nich mehr vor Augen gesehen. Bin nur froh, dass ich hinten bei Ihnen sitzen durfte, Ma'am. Wenn ich vorne neben dem Knilch hätt sitzen müssen – Der kann nämlich seine Dreckspfoten nich bei sich behalten. Der nutzt doch jede Chance, um einen ins Bein zu kneifen oder sonst wohin – Sie müssen schon entschuldigen, Ma'am, aber so isses nun mal.
MARY *verträumt* Der Nebel hat mich nicht gestört, Cathleen. Den Nebel mag ich sehr gern.
CATHLEEN Soll ja gut für den Teint sein.
MARY Er verbirgt dich vor der Welt und die Welt vor dir. Alles wirkt wie verwandelt, und nichts ist mehr so, wie es vorher zu sein schien. Niemand kann einen mehr finden oder einem etwas tun.
CATHLEEN Wenn Smythe ein hübscher Kerl wär, so wie andere Chauffeure, die wo ich mal gesehen hab, dann hätt ich ja auch gar nix dagegen – solang es nur so zum Jux ist, versteht sich, ich bin nämlich ein anständiges Mädchen. Aber so'n verschrumpelter Knilch wie Smythe –! So nötig hab ich's noch nich, hab ich zu ihm gesagt, dass ich auf so'n Affen wie dich spekulier. Und dann hab ich ihm gedroht, dass ich ihm irgendwann nochmal so'n Ding verpasse, dass er drei Tage nich mehr aufsteht. Und das mach ich auch!

MARY Aber das Nebelhorn kann ich nicht ausstehen. Es lässt einen nicht zur Ruhe kommen. Dauernd erinnert es einen und warnt und holt einen zurück. *Sie lächelt seltsam.* Aber heute nicht. Heute Abend ist es bloß ein hässliches Geräusch. Es erinnert mich an gar nichts. *Sie lacht neckisch und mädchenhaft.* Außer vielleicht an Mister Tyrones Geschnarche. Ich habe ihn immer schrecklich gern damit aufgezogen. Er schnarcht schon, solange ich ihn kenne, besonders, wenn er zu viel getrunken hat. Aber er ist so kindisch, dass er das auf gar keinen Fall zugeben will. *Sie lacht und geht zum Tisch.* Na, vermutlich schnarche ich auch manchmal und geb's nicht gern zu. Und dann habe ich natürlich auch kein Recht, mich über ihn lustig zu machen, stimmt's? *Sie setzt sich in den Schaukelstuhl links vom Tisch.*

CATHLEEN Ach, jeder gesunde Mensch schnarcht. Daran merkt man, dass jemand bei Verstand ist, heißt es. *Dann besorgt* Wie spät haben wir denn, Ma'am? Ich sollte allmählich mal wieder in die Küche. Bridget hat vom Nebel wieder das Rheuma gekriegt, und dann führt sie sich auf wie der Leibhaftige. Die reißt mir glatt den Kopf ab. *Sie stellt ihr Glas auf den Tisch und will zum Verbindungszimmer gehen.*

MARY *plötzlich geängstigt* Nein, bleib da, Cathleen. Ich will noch nicht allein sein.

CATHLEEN Ist ja nich für lange. Mister Tyrone und die Jungens kommen sicher gleich.

MARY Ich glaube nicht, dass sie zum Abendessen nach Hause kommen. Die haben doch eine prima Ausrede, um in der Kneipe hocken zu bleiben. Da fühlen sie sich zu Hause.
Cathleen schaut sie begriffsstutzig und verdattert an. Mary fährt lächelnd fort.
Wegen Bridget mach dir mal keine Sorgen. Ich werde ihr sagen, dass ich darauf bestanden habe, dass du mir Gesellschaft leistest, und dann bringst du ihr noch einen großen Whisky mit. Dann wird sie schon friedlich sein.

CATHLEEN *grinst – wieder beruhigt* Garantiert, Ma'am. Davon bekommt sie immer gute Laune. Die süffelt ganz gern mal einen.

MARY Du darfst dir auch noch einen eingießen, wenn du magst.

CATHLEEN Das lass ich wohl besser bleiben, Ma'am. Ich merk jetzt schon, dass ich was getrunken hab. *Greift nach der Flasche* Ach was, noch ein Schluck wird mich schon nich umhauen. *Sie gießt sich ein.* Auf Ihre Gesundheit, Ma'am. *Sie trinkt das Glas auf einen Zug leer.*

MARY *verträumt* Ja, auf meine Gesundheit, da konnte ich mir früher wirklich etwas einbilden, Cathleen. Aber das ist lange her.

CATHLEEN *wieder besorgt* Mister Tyrone kriegt bestimmt spitz, dass aus der Flasche was fehlt. Für so was hat der 'nen Blick.

MARY *belustigt* Wir wenden Jamies Trick an. Kipp einfach ein paar Gläser Wasser dazu.

CATHLEEN *gehorcht – kichert albern* Du lieber Himmel! Dann ist der Whisky ja zur Hälfte Wasser. Das schmeckt er doch.

MARY *gleichgültig* Nein. Wenn er nach Hause kommt, dann ist er so betrunken, dass er keinen Unterschied mehr merkt. Er meint nämlich, dass er einen guten Grund hat, um seinen Kummer zu ertränken.

CATHLEEN *philosophisch* Diese Schwäche ziert jeden richtigen Mann. Die Mäßigungsapostel können mir gestohlen bleiben. Die haben doch alle keinen Pfeffer im Hintern. *Dann verdutzt* Einen guten Grund? Meinen Sie Mister Edmund, Ma'am? Ja, seinetwegen macht Mister Tyrone sich echt Sorgen, das merk ich schon.

MARY *erstarrt in Abwehr – aber diese Reaktion hat etwas seltsam Marionettenhaftes, so als stünde sie in keiner Beziehung zu einem echten Gefühl* Red keinen Unsinn, Cathleen. Wie kommst du denn darauf? Eine leichte Grippe ist doch nichts Ernstes. Außerdem macht sich Mister Tyrone nie Sorgen, höchstens wegen seinem Geld, seinen Grundstücken und dass er im Alter im Armenhaus endet. Ernsthafte Sorgen, meine ich. Denn von allem anderen versteht er nichts. *Sie lacht leise auf, unbeteiligt, aber liebevoll.* Mein Mann ist schon ein eigenartiger Mensch, Cathleen.

CATHLEEN *eine Spur vorwurfsvoll* Mister Tyrone ist ein Bild von einem Mann, und gut und freundlich. Trotz seiner kleinen Schwäche.

MARY Ach, die stört mich doch gar nicht. Seit 36 Jahren liebe ich ihn von ganzem Herzen. Das beweist doch, dass ich weiß, wie liebenswert er im Grunde ist. Er kann eben auch nicht aus seiner Haut.

CATHLEEN *irgendwie beruhigt* Das ist recht, Ma'am. Lieben Sie nur weiter von ganzem Herzen. Das sieht doch ein Blinder, wie der Sie vergöttert. *Sie kämpft gegen ihren Schwips an und versucht jetzt ernsthaft Konversation zu treiben.* Da wir grad vom Theater sprechen, wieso sind Sie eigentlich nie zur Bühne gegangen?
MARY *vorwurfsvoll* Ich? Wie kommst du denn auf diese absurde Idee? Ich stamme aus einer sehr angesehenen Familie und wurde in der besten Klosterschule im ganzen mittleren Westen erzogen. Bevor ich Mister Tyrone kennen lernte, wusste ich überhaupt nicht, was ein Theater ist. Ich war ein sehr frommes Mädchen. Ich habe sogar einmal davon geträumt, Nonne zu werden. Schauspielerin zu werden hat mich nie gereizt.
CATHLEEN *unverblümt* Na, aber so als echte Betschwester kann ich Sie mir auch nich recht vorstellen, Ma'am. Wo Sie sich doch nie in der Kirche blicken lassen, der Herrgott mög's Ihnen vergeben.
MARY *überhört dies* Ich habe mich im Theater nie zu Hause gefühlt. Obwohl ich Mister Tyrone auf allen Tourneen begleiten musste, hatte ich kaum Kontakt mit seinen Kollegen und den übrigen Theaterleuten. Ich hatte nichts gegen sie. Sie waren immer sehr nett zu mir und ich zu ihnen auch. Aber heimisch habe ich mich bei ihnen nie gefühlt. Ihr Leben ist nun mal nicht mein Leben. Das stand immer zwischen mir und – *Sie steht auf.* Unvermittelt Aber reden wir nicht von alten Geschichten, die nicht zu ändern waren. *Sie geht zur Verandatür und sieht hinaus.* Wie dicht der Nebel ist. Man sieht nicht einmal mehr die Straße. Die halbe Welt könnte hier vorbeigehen, und ich würde nichts davon merken. Wenn es doch immer so wäre. Es wird schon dunkel. Bald ist es Nacht, Gott sei Dank. *Sie dreht sich um.* Unbestimmt Es war nett von dir, dass du mich heute Nachmittag begleitet hast, Cathleen. Das wäre für mich sonst eine einsame Autofahrt in die Stadt geworden.
CATHLEEN Aber klar, ich fahr auch lieber in einem schicken Auto spazieren, als mir hier Bridgets Lügen über ihre Verwandtschaft anzuhören. Das waren doch die reinsten Ferien für mich, Ma'am. *Sie stockt. Dann dümmlich* Nur eines fand ich nich schön.
MARY *unbestimmt* Was denn, Cathleen?
CATHLEEN Wie sich der Mann in der Apotheke aufgeführt hat, als ich

ihm das Rezept für Sie gegeben hab. *Empört* So was von unverschämt!

MARY *verständnislos* Was redest du da? Welche Apotheke? Was für ein Rezept? *Dann rasch auf Cathleens verdatterten Blick hin* Ach so, natürlich, das hatte ich schon wieder vergessen. Das Mittel gegen das Rheuma in meinen Händen. Was hat der Mann denn gesagt? *Dann gleichgültig* Ist ja eigentlich auch egal. Hauptsache, er hatte das Mittel da.

CATHLEEN Also mir war das in dem Moment nich egal! Ich bin's nich gewöhnt, dass man mich wie einen Dieb behandelt. Erst sieht er mich lange an, und dann sagt der doch rotzfrech: »Wo haben Sie denn das her?« Darauf ich: »Geht Sie doch einen Dreck an«, sag ich, »aber wenn Sie's unbedingt wissen müssen, es ist für meine Herrschaft, Mrs. Tyrone, die sitzt draußen im Auto und wartet.« Da hat er keinen Mucks mehr gesagt. Er hat kurz zu Ihnen rausgeschaut und »Oh« gesagt und ist das Mittel holen gegangen.

MARY *vage* Ja, er kennt mich. *Sie setzt sich in den Sessel links hinten am Tisch. Sie fährt ruhig und unbeteiligt fort.* Ich brauche das Mittel, weil nichts anderes hilft gegen die Schmerzen – gegen all den Schmerz – in den Händen, weißt du. *Sie hebt die Hände und betrachtet sie traurig und voll Mitgefühl. Sie zittern jetzt nicht.* Arme Hände! Kaum zu glauben, aber früher gehörten sie mal zu meinen Vorzügen, wie mein Haar und meine Augen. Und gut gewachsen war ich auch. *Ihr Ton ist immer entrückter und verträumter geworden.* Die Hände einer Musikerin. Ich habe früher sehr gern Klavier gespielt. In der Klosterschule habe ich fleißig geübt und hart an meiner Technik gearbeitet – falls man etwas, das einem Freude macht, überhaupt Arbeit nennen kann. Schwester Elisabeth und meine Musiklehrerin haben beide gesagt, so talentiert wie ich sei bisher noch keine Schülerin gewesen. Mein Vater hat mir dann noch Extrastunden bezahlt. Er hat mich restlos verwöhnt. Er hätte mir jeden Wunsch erfüllt. Er hätte mich nach meinem Abitur sogar nach Europa auf ein Konservatorium geschickt. Und vielleicht wäre ich auch gegangen – wenn ich mich nicht in Mister Tyrone verliebt hätte. Oder ich wäre Nonne geworden. Es gab in meinem Leben zwei Träume. Entweder Nonne

zu werden – das war der schönere – oder Konzertpianistin, das war der andere.
Sie schweigt und betrachtet unverwandt ihre Hände. Cathleen zwinkert, um gegen ihre Müdigkeit und den Schwips anzukämpfen. Ich habe schon ewig nicht mehr Klavier gespielt. Selbst wenn ich wollte, mit diesen verkrüppelten Fingern könnte ich es gar nicht mehr. Nach der Hochzeit habe ich noch eine Zeit lang versucht, in der Übung zu bleiben. Aber es war aussichtslos. Jede Nacht woanders, billige Hotels, verdreckte Züge, die Kinder kamen, ich hatte nirgends ein Zuhause – *Sie starrt ihre Hände gebannt und voller Ekel an.* Sieh nur, Cathleen, wie hässlich sie sind! Entstellt und verkrüppelt! Wie nach einem schrecklichen Unfall! *Sie lachte leise und seltsam auf.* So etwas Ähnliches war es ja auch. *Plötzlich verbirgt sie die Hände hinter dem Rücken.* Ich mag sie gar nicht mehr anschauen. Sie sind noch schlimmer als das Nebelhorn, denn sie erinnern mich – *Dann mit trotzigem Selbstbewusstsein* Aber nicht einmal sie können mir heute etwas anhaben. *Sie nimmt die Hände wieder nach vorn und betrachtet sie ungerührt. Ruhig* Sie sind weit weg. Ich sehe sie, aber sie tun mir nicht mehr weh.
CATHLEEN *absolut begriffsstutzig* Haben Sie was von dem Mittel genommen? Das wirkt aber komisch bei Ihnen, Ma'am. Wenn ich's nich besser wüsste, würde ich denken, Sie hätten einen kleinen sitzen.
MARY *verträumt* Es vertreibt die Schmerzen. Und trägt einen so weit zurück, bis sie einen nicht mehr erreichen. Wirklich ist nur die Vergangenheit, als man glücklich war. *Sie schweigt – die Worte haben sie wie eine Zauberformel in glücklichere Zeiten zurückversetzt, ihr Gesichtsausdruck und ihr ganzes Benehmen sind wie verwandelt. Sie sieht jünger aus. Sie hat etwas von einer unschuldigen Klosterschülerin an sich, und sie lächelt schüchtern.* Wenn du findest, dass Mister Tyrone heute noch ein Bild von einem Mann ist, Cathleen, dann hättest du ihn damals sehen sollen, als ich ihn kennen lernte. Er galt als einer der bestaussehenden Männer im ganzen Land. Er war der Schwarm aller Mädchen auf der Klosterschule, die ihn auf der Bühne gesehen hatten oder Fotos von ihm kannten. Er war nämlich ein großer Publikumsliebling damals. Die

Frauen haben am Bühneneingang Schlange gestanden, bloß um ihn zu sehen, wenn er das Theater verließ. Du kannst dir vorstellen, wie aufgeregt ich war, als mein Vater mir schrieb, er hätte sich mit James Tyrone angefreundet, und dass ich ihn in den Osterferien kennen lernen würde. Ich habe den Brief allen Mädchen gezeigt, und sie sind fast geplatzt vor Neid! Zuerst hat mein Vater mit mir noch eine Vorstellung besucht, damit ich ihn auf der Bühne erleben konnte. Das Stück handelte von der Französischen Revolution, und er spielte die Hauptrolle, einen Adligen. Ich hatte nur noch Augen für ihn. Und als er ins Gefängnis geworfen wurde, musste ich weinen – und dann habe ich mich ganz schrecklich über mich geärgert, weil ich Angst hatte, ich könnte davon rote Augen und eine rote Nase bekommen haben. Mein Vater hatte gesagt, wir würden gleich nach der Vorstellung hinter die Bühne in seine Garderobe gehen, und das haben wir dann auch gemacht. *Sie lacht leise, es klingt aufgeregt und schüchtern.* Ich war so schüchtern, dass ich vor lauter Aufregung nur gestottert habe und knallrot geworden bin wie ein kleines Dummchen. Aber für ihn war ich kein Dummchen. Ich weiß, dass ich ihm gleich auf den ersten Blick gefallen habe. *Kokett* Meine Nase und meine Augen waren wohl doch nicht rot. Ich war damals wirklich sehr hübsch, Cathleen. Und er sah noch viel besser aus, als ich es mir in meinen kühnsten Träumen vorgestellt hatte, in seiner Maske und seinem Adelskostüm, das ihm so hinreißend gut stand. Er war so ganz anders als die übrigen Menschen, wie ein Wesen von einem anderen Stern. Und gleichzeitig war er so ungekünstelt und herzlich und bescheiden und keine Spur hochnäsig oder eingebildet. Für mich war es Liebe auf den ersten Blick. Für ihn auch, hat er mir später gestanden. Mein Traum, Nonne oder Konzertpianistin zu werden, war vergessen. Ich wollte nur noch eines, seine Frau werden. *Sie schweigt und schaut mit unnatürlich glänzenden, verträumten Augen und einem verzückten, mädchenhaft-sanften Lächeln vor sich hin.* 36 Jahre ist das jetzt her, aber ich sehe es so deutlich vor mir, als wäre es heute! Seitdem lieben wir uns. Und in den ganzen 36 Jahren hat es nicht den Hauch eines Skandals um ihn gegeben. Wegen irgendeiner anderen Frau, meine ich. Seit wir uns kennen, ist so etwas nie mehr vorgekommen. Das hat mich sehr glücklich gemacht. Darum konnte ich ihm auch so vieles andere verzeihen.

CATHLEEN *kämpft gegen ihre Müdigkeit und den Schwips – rührselig* Er ist ein feiner Gentleman, und Sie sind eine glückliche Frau. *Dann zappelig* Kann ich Bridget jetzt den Whisky bringen, Ma'am? Es ist bestimmt bald Zeit fürs Abendessen, und da muss ich ihr in der Küche helfen. Wenn sie jetzt nich bald 'nen Schluck zur Beruhigung kriegt, geht sie mit'm Hackbeil auf mich los.

MARY *leicht gereizt, weil sie aus ihrem Traum gerissen wurde* Ja, ja, geh schon. Ich brauche dich jetzt nicht mehr.

CATHLEEN *erleichtert* Vielen Dank auch, Ma'am. *Sie gießt ein großes Glas Whisky ein und will zum Verbindungszimmer gehen.* Sie bekommen ja bald Gesellschaft. Mister Tyrone und die Jungs –

MARY *ungeduldig* Nein, nein, die kommen nicht. Sag Bridget, dass ich nicht auf sie warte. Du kannst das Abendessen Punkt halb sieben servieren. Ich bin zwar nicht hungrig, aber ich werde mich zu Tisch setzen, und dann bringen wir's irgendwie hinter uns.

CATHLEEN Sie sollten aber schon was essen, Ma'am. Das ist mir 'n komisches Mittel, wenn's Ihnen den Appetit verdirbt.

MARY *driftet wieder in ihre Träume ab – sie erwidert mechanisch* Was für ein Mittel? Ich weiß nicht, was du meinst. *Um sie hinauszuschicken* Bring Bridget jetzt lieber ihren Whisky.

CATHLEEN Ja, Ma'am.

Sie verschwindet im Verbindungszimmer. Mary wartet, bis sie die Tür zum Anrichteraum zuklappen hört. Dann lehnt sie sich entspannt und verträumt zurück, den Blick ins Leere gerichtet. Ihre Arme liegen schlaff auf den Lehnen, die Hände mit den langen, sensiblen, verkrümmten und im Gelenk geschwollenen Fingern baumeln reglos herunter. Es wird allmählich dunkel im Zimmer. Eine Zeit lang herrscht völlige Stille. Dann meldet sich die Außenwelt mit einem melancholischen Klagen des Nebelhorns, danach hört man den vom Nebel gedämpften Chor der Schiffsglocken von den im Hafen vertäuten Segeljachten. Marys Gesichtsausdruck ist nicht anzumerken, ob sie etwas gehört hat, aber ihre Hände zucken, und die Finger spielen einen Moment lang in der Luft. Sie runzelt die Stirn und bewegt automatisch den Kopf, wie um eine lästige Fliege zu verscheuchen. Plötzlich verliert sie ihre ganze Mädchenhaftigkeit; und sie ist wieder eine alternde, zynisch-traurige, verbitterte Frau.

MARY *bitter* Du sentimales Stück. Was ist denn so wunderbar an der ersten Begegnung eines dummen, romantischen Schulmädchens mit einem Bühnenidol? Als er für dich noch gar nicht existiert hat, warst du doch viel glücklicher, in der Klosterschule, als du noch zur Heiligen Mutter Gottes gebetet hast. *Sehnsüchtig* Wenn ich doch nur meinen Glauben wieder finden würde, damit ich wieder zu ihr beten könnte! *Sie schweigt – dann spricht sie das Ave Maria mit tonloser, leerer Stimme.* »Gegrüßt seist du Maria, voll der Gnade! Der Herr ist mit dir; du bist gebenedeit unter den Frauen –« *Höhnisch* Du glaubst doch nicht im Ernst, die Heilige Jungfrau ließe sich von den leeren Worten täuschen, die eine Süchtige herunterleiert! Sie schaut jedem ins Herz! *Sie springt auf, ihr Hände flattern fahrig zu ihrem Haar hoch.* Ich muss nach oben. Die Dosis war zu klein. Wenn man wieder damit anfängt, weiß man nie, wie viel man braucht.

Sie geht zur Salontür – dann bleibt sie beim Klang von Stimmen aus dem Vorgarten stehen. Sie zuckt schuldbewusst zusammen.
Da sind sie – *Sie hastet zum Sessel zurück. Ihr Gesicht erstarrt in trotziger Abwehr. Verärgert* Warum kommen sie zurück? Das wollen sie doch gar nicht. Und ich wäre auch viel lieber allein. *Plötzlich verändert sie sich vollkommen. Sie wirkt auf jämmerliche Art erleichtert und eifrig.* Ach wie gut, dass sie wieder da sind! Ich war so schrecklich allein!
Die Haustür schlägt zu, und Tyrone ruft unsicher aus der Diele.

TYRONE Mary, bist du da?

Das Licht in der Diele geht an und fällt aus dem Salon auf Mary.

MARY *steht aus dem Sessel auf, ihr Gesicht leuchtet liebevoll auf – aufgeregt und eifrig* Hier bin ich, Liebling. Im Wohnzimmer. Ich habe auf euch gewartet.

Tyrone und Edmund kommen nacheinander aus dem Salon. Tyrone hat ziemlich viel getrunken, doch ist ihm das außer an dem etwas glasigen Blick und der etwas unklaren Aussprache nicht anzumerken. Auch Edmund verrät nur durch seine fiebrig glänzenden

Augen und die roten Flecken auf den hohlen Wangen, dass er mehr als nur ein paar Gläser getrunken hat. Beide bleiben in der Tür stehen und taxieren Mary. Der Anblick bestätigt ihre schlimmsten Befürchtungen. Aber im Augenblick nimmt Mary ihre tadelnden Blicke nicht wahr. Sie küsst ihren Mann und dann Edmund. Sie benimmt sich auf unnatürliche Weise überschwänglich. Die beiden lassen es widerwillig über sich ergehen. Sie sprudelt aufgeregt los.
Ich bin heilfroh, dass ihr wieder da seid. Ich habe schon gar nicht mehr daran geglaubt. Ich hatte Angst, ihr kommt überhaupt nicht mehr nach Hause. So ein scheußlicher, nebliger Abend. In den Kneipen in der Stadt ist es bestimmt viel lustiger, da gibt es Leute, mit denen man sich unterhalten und Witze reißen kann. Nein, ihr braucht es gar nicht abzustreiten. Ich weiß doch, wie euch zumute ist. Und ich mache euch auch überhaupt keine Vorwürfe. Ich bin euch nur umso dankbarer, dass ihr trotzdem nach Hause gekommen seid. Ich habe hier so einsam und trübsinnig rumgehockt. Kommt, setzt euch.
Sie setzt sich rechts hinter den Tisch, Edmund rechts seitlich und Tyrone in den Schaukelstuhl links.
Bis zum Abendessen dauert's noch ein bisschen. Jetzt seid ihr doch tatsächlich eine Idee zu früh dran. Es geschehen noch Zeichen und Wunder. Der Whisky steht schon bereit. Soll ich dir ein Glas einschenken?
Sie tut es, ohne seine Antwort abzuwarten.
Dir auch, Edmund? Ich will dir ja nicht zureden, aber ein kleiner Schluck zum Appetitmachen vor dem Abendessen kann ja nichts schaden.
Sie gießt ihm ein Glas ein. Sie machen keine Anstalten, die Gläser zu nehmen. Sie redet weiter, als würde sie ihr Schweigen nicht bemerken.
Wo ist Jamie? Na klar, solange der noch das Geld für einen Drink in der Tasche hat, denkt der natürlich nicht daran, nach Hause zu kommen. *Sie streckt den Arm aus und umklammert Tyrones Hand. Traurig* Ich fürchte, wir haben Jamie schon längst verloren, Liebling. *Ihre Miene verhärtet sich.* Aber wir dürfen nicht zulassen, dass er Edmund mit sich herunterzieht, was er sicher gerne möch-

te. Er ist eifersüchtig, weil Edmund immer das Nesthäkchen gewesen ist. Auf Eugene war er auch eifersüchtig. Er wird erst dann Ruhe geben, wenn er aus Edmund genauso einen hoffnungslosen Versager gemacht hat, wie er selbst einer ist.

EDMUND *kläglich* Red doch nicht, Mama.

TYRONE *bedrückt* Ja, Mary, je weniger du jetzt sagst – *Dann zu Edmund, etwas angeheitert* Aber irgendwie hat deine Mutter mit ihrer Warnung schon Recht. Nimm dich bloß in Acht vor deinem Bruder, sonst vergiftet er dir mit seiner lästerlichen Spötterei dein ganzes Leben.

EDMUND *wie vorher* Ach, hör doch auf, Papa.

MARY *redet weiter, als hätte niemand etwas gesagt* Wenn ich Jamie heute so sehe, dann kann ich's kaum glauben, dass er einmal mein Baby war. Weißt du noch, James, was für ein gesundes, fröhliches Baby er war. Jeden Tag woanders, das dauernde Reisen, die verdreckten Züge und billigen Hotels, das miserable Essen – das hat ihm alles nichts ausgemacht. Er war nie krank oder quengelig. Er war immer freundlich und vergnügt. Geweint hat er fast nie. Eugene war auch so gesund und fröhlich in den zwei Jahren, die er leben durfte, bevor er durch meine Schuld sterben musste.

TYRONE Gott im Himmel! Warum bin ich Idiot bloß nach Hause gekommen!

EDMUND Papa! Sei still!

MARY *lächelt Edmund entrückt-zärtlich an* Aber Edmund war als Baby ein Miesepeter, wegen jeder Kleinigkeit hat er sich aufgeregt und geängstigt. *Sie tütschelt ihm die Hand. Neckend* Alle haben immer gesagt, du liebe Güte, der heult ja schon wegen jeder Fliege an der Wand los.

EDMUND *kann seine Verbitterung nicht unterdrücken* Vielleicht ist mir damals schon das Lachen im Hals stecken geblieben.

TYRONE *vorwurfsvoll und mitfühlend* Immer mit der Ruhe, mein Junge. Du weißt doch, dass du sie jetzt nicht ernst nehmen darfst –

MARY *als hätte sie nichts gehört – wieder traurig* Wer hätte auch gedacht, dass uns Jamie einmal solche Schande machen würde. Erinnerst du dich noch an die begeisterten Beurteilungen, die wir immer noch bekamen, als er schon jahrelang im Internat war. Er war bei allen beliebt. Die Lehrer haben von seiner Intelligenz und raschen Auffassungsgabe geschwärmt. Sogar nachdem er das Trinken angefangen hatte und deswegen von der Schule flog, haben sie uns noch geschrieben, wie Leid es ihnen täte, weil er doch so nett gewesen sei und ein so glänzender Schüler. Sie haben ihm eine großartige Zukunft prophezeit, falls er den Ernst des Lebens noch erkennen würde. *Sie schweigt und fährt dann traurig und sonderbar distanziert fort.* Ein Jammer. Armer Jamie! Eigentlich kaum zu begreifen – *Sie ist plötzlich wie verwandelt. Ihre Miene verhärtet sich, und sie sieht Tyrone anklagend und feindselig an.* Oder vielmehr doch. Du hast ihn zum Säufer gemacht. Kaum hat er zum ersten Mal die Augen aufgemacht, hat er dich doch schon trinken sehen. Auf dem Schreibtisch in den billigen Absteigen stand ja immer die Whiskyflasche! Und wenn er als kleiner Junge mal Albträume oder Bauchweh hatte, dann hast du ihm zur Beruhigung immer dein Hausmittel verabreicht: einen Teelöffel Whisky.

TYRONE *tief getroffen* Ich bin also schuld, dass dieser faule Strick ein Säufer und Tagedieb geworden ist? Um mir das anzuhören, bin ich nach Haus gekommen! Das hätte ich mir ja denken können! Wenn du dieses Zeug genommen hast, suchst du die Schuld immer nur bei den anderen und nie bei dir.

EDMUND Papa! Du hast mir doch gerade gesagt, dass man sie nicht ernst nehmen darf. *Dann vorwurfsvoll* Trotzdem stimmt es. Mit mir hast du dasselbe gemacht. Wenn ich Albträume hatte, gab's für mich auch immer diesen Teelöffel Schnaps. Daran erinnere ich mich ganz genau.

MARY *unbeteiligt rückblickend* Ja, als Kind, da hast du dauernd Albträume gehabt. Du bist schon ängstlich geboren worden. Weil ich solche Angst hatte, dich auf die Welt zu bringen. *Sie schweigt – dann fährt sie ebenso unbeteiligt fort.* Glaube bitte nicht, Edmund, dass ich deinem Vater Vorwürfe mache. Er wusste es eben nicht besser. Er ist ja bloß bis zu seinem zehnten Lebensjahr auf die Schule gegangen. Er stammt von völlig ungebildeten und bettelarmen irischen Leuten ab. Die waren sicher ehrlich überzeugt davon, Whisky sei die beste Medizin für ein krankes oder verängstigtes Kind.

Tyrone will seine Familie wütend verteidigen, aber Edmund geht dazwischen.
EDMUND *scharf* Papa! *Wechselt das Thema* Trinken wir jetzt was oder nicht?
TYRONE *beherrscht sich – dumpf* Du hast ja Recht. Ich sollte gar nicht hinhören. *Er greift lustlos nach dem Glas.* Prost, mein Junge.
Edmund trinkt, aber Tyrone starrt reglos das Glas in seiner Hand an. Edmund schmeckt sofort, wie stark der Whisky mit Wasser verdünnt ist. Er runzelt die Stirn und blickt von der Flasche zu seiner Mutter – er will etwas sagen, schweigt dann aber doch.
MARY *in verändertem Ton – reumütig* Entschuldige, James, wenn das eben verbittert klang. Ich bin nicht verbittert. Das ist alles so fern. Ich war nur ein bisschen gekränkt, weil du vorhin gesagt hast, du wärst besser nicht nach Hause gekommen. Dabei war ich doch so erleichtert und froh, als ihr kamt. Und dankbar außerdem. Es ist sehr öde und traurig, hier im Nebel und im Dunkeln alleine herumzusitzen.
TYRONE *gerührt* Ich komme doch gern nach Hause, wenn du wieder du selbst bist, Mary.
MARY Ich habe mich so einsam gefühlt, dass mir Cathleen Gesellschaft leisten musste. Da konnte ich wenigstens mit jemand reden. *Sie verwandelt sich langsam wieder in die schüchterne Klosterschülerin.* Rate mal, wovon ich ihr erzählt habe, Liebling. Von dem Abend, als mein Vater mich in deine Garderobe mitgenommen hat und ich mich auf der Stelle in dich verliebt habe. Weißt du noch?
TYRONE *tief gerührt – mit rauer Stimme* Glaubst du, das könnte ich je vergessen?
Edmund schaut traurig und verlegen weg.
MARY *zärtlich* Nein. Ich weiß, du liebst mich noch immer, James, trotz allem.
TYRONE *Es arbeitet in seinem Gesicht, und er unterdrückt seine Tränen – leise und eindringlich* Ja. Gott ist mein Zeuge! Für immer und ewig, Mary!
MARY Und ich liebe dich, James, trotz allem.
Schweigen. Edmund rutscht verlegen auf seinem Sessel herum. Mary überkommt wieder die seltsame Distanziertheit, so als sprä-

che sie völlig unpersönlich über Menschen, die sie nur wie von ferne sieht. Aber offen gestanden, James, wenn ich gewusst hätte, dass du so viel trinkst, dann hätte ich dich nie geheiratet, obwohl ich unsterblich in dich verliebt war. Ich erinnere mich noch genau an den ersten Abend, als dich deine Saufkumpane zu unserem Hotelzimmer raufschleppen mussten. Sie haben geklopft und sich aus dem Staub gemacht, bevor ich an die Tür kam. Das war in unseren Flitterwochen, weißt du noch?

TYRONE *schuldbewusst und heftig* Gar nichts weiß ich! Das war nicht in den Flitterwochen! Und ins Bett gekommen bin ich noch immer ohne fremde Hilfe, und in meinen ganzen Leben habe ich keine einzige Vorstellung geschmissen!

MARY *als hätte er nichts gesagt* Stunde um Stunde hatte ich in diesem hässlichen Hotel auf dich gewartet. Ich dachte mir alle möglichen Entschuldigungen für dich aus. Ich redete mir ein, es hinge wohl irgendwie geschäftlich mit dem Theater zusammen. Damals hatte ich ja keine Ahnung vom Theater. Dann bekam ich es mit der Angst. Ich malte mir aus, du hättest irgendeinen schrecklichen Unfall gehabt. Ich kniete mich hin und habe darum gebetet, dass dir nichts passiert ist – und dann haben sie dich die Treppe hochgeschleift und draußen gegen die Tür gelehnt. *Sie seufzt leise und traurig.* Damals ahnte ich nicht, wie oft mir das in den kommenden Jahren noch bevorstand, wie oft ich in hässlichen Hotelzimmern auf dich würde warten müssen. Mit der Zeit habe ich mich ziemlich daran gewöhnt.

EDMUND *heftig, mit einem vorwurfsvollen, hasserfüllten Blick auf seinen Vater* Herrgott nochmal! Kein Wunder –! *Er beherrscht sich. Schroff* Wann gibt's Abendessen, Mama? Es muss doch bald so weit sein.

TYRONE *will sein überwältigendes Schamgefühl verbergen und nestelt seine Uhr heraus* Ja. Ich glaube auch. Mal sehen. *Er starrt blind auf die Uhr. Flehend* Mary! Kannst du das denn nie vergessen –?

MARY *mit unbeteiligtem Mitleid* Nein, Liebling. Aber verzeihen schon. Ich verzeihe dir ja immer. Jetzt mach nicht so ein schuldbewusstes Gesicht. Ich habe mich nur laut erinnert, entschuldige bitte. Ich will gar nicht traurig sein oder dich betrüben. Ich will mich nur an die glücklichen Zeiten erinnern. *Sie agiert wieder wie die schüchterne, fröhliche Klosterschülerin.* Erinnerst du dich noch an unsere Hochzeit, Liebling? Du hast bestimmt vergessen, wie mein Brautkleid ausgesehen hat. Männer achten auf solche Dinge nicht. Sie finden sie unwichtig. Aber für mich war es wichtig, und wie! Was habe ich deswegen für einen Zirkus gemacht! Ich war ja so aufgeregt und glücklich! Such dir aus, was dir gefällt, sagte mein Vater, der Preis spielt keine Rolle. Das Beste ist gerade gut genug. Ach, ich fürchte, er hat mich entsetzlich verwöhnt. Meine Mutter war da ganz anders. Sie war sehr fromm und streng. Ich glaube, sie war ein bisschen eifersüchtig. Sie wollte nicht, dass ich heirate – und erst recht keinen Schauspieler. Sie hat wohl immer gehofft, ich würde Nonne werden. Sie hat mit meinem Vater ständig gezankt. »Wenn ich mir mal was kaufen möchte,« beschwerte sie sich immer, »dann sagst du nie, der Preis spielt keine Rolle! Du hast das Mädchen so schrecklich verwöhnt, dass mir ihr zukünftiger Ehemann jetzt schon Leid tut, falls sie jemals heiraten sollte. Sie wird von ihm erwarten, dass er ihr die Welt zu Füßen legt. Aus der wird nie eine gute Ehefrau.« *Sie lacht liebevoll.* Arme Mama! *Sie lächelt Tyrone deplatziert kokett an.* Aber sie hat sich geirrt, stimmt's, James? So eine miserable Ehefrau war ich doch gar nicht?

TYRONE *mit rauer Stimme, zwingt sich zu einem Lächeln* Ich hab mich nie beklagt, Mary.

MARY *Der Schatten eines Schuldgefühls verdüstert ihr Gesicht.* Immerhin habe ich dich aufrichtig geliebt und mein Bestes getan – unter den gegebenen Umständen. *Der Schatten verfliegt, und der schüchterne, mädchenhafte Ausdruck kehrt auf ihr Gesicht zurück.* Also, dieses Brautkleid hätte mich fast umgebracht und die Schneiderin dazu! *Sie lacht.* Ich war ja so eigen. Und nie zufrieden. Und am Schluss hat sie sich geweigert, noch mehr daran herumzuändern, aus Angst, sie könnte das Kleid restlos verderben. Dann habe ich sie weggeschickt und mich allein und ungestört im Spiegel bewundert. Ich fand mich sehr hübsch und war ziemlich eingebildet. Ich dachte mir: »Selbst wenn Nase, Mund und Ohren ein wenig groß geraten sind, mit deinen Augen, deinen Haaren und deiner

Figur machst du das alles wieder wett. Du bist genauso hübsch wie irgendeine dieser Schauspielerinnen, die er kennt, und dazu brauchst du dich nicht mal zu schminken.« *Sie schweigt und runzelt die Stirn, während sie sich zu erinnern versucht.* Wo ist mein Brautkleid eigentlich hingekommen? Es lag immer in Seidenpapier eingewickelt in meiner Truhe. Ich wollte immer eine Tochter haben, und später bei ihrer Hochzeit hätte sie dann – Ein schöneres Kleid hätte sie nirgendwo kaufen können, und du, James, hättest zu ihr auch nie gesagt: Der Preis spielt keine Rolle. Bei dir hätte sie irgendein günstiges Sonderangebot nehmen müssen. Mein Kleid war ganz aus weichem, schimmernden Satin, mit winzigen Rüschen aus herrlicher alter Duchessespitze um den Ausschnitt und die Ärmel und entlang der Falten, die hinten zu einer Art Tournüre gerafft waren. Das Mieder war aus Fischbein und saß sehr knapp. Ich weiß noch, wie ich beim Anprobieren die Luft angehalten habe, damit ich eine ganz schmale Taille bekam. Mein Vater hat mir sogar erlaubt, meine weißen Seidenschuhe mit Spitze zu drapieren, und zwischen den Orangenblüten auf meinem Schleier saßen auch Spitzenschleifen. Ach, wie habe ich dieses Kleid geliebt! Es war wunderschön. Wo mag es jetzt wohl sein? Wenn ich einsam war, habe ich es ab und zu hervorgeholt, aber dann musste ich immer weinen, und darum habe ich es schließlich irgendwann einmal schon vor langer Zeit – *Sie runzelt wieder die Stirn.* Wo habe ich es bloß versteckt? Wahrscheinlich in einer alten Truhe auf dem Speicher. Ich muss irgendwann einmal nachschauen.
Sie schweigt und starrt vor sich hin. Tyrone seufzt, schüttelt entmutigt den Kopf und sucht Mitleid heischend den Blickkontakt zu seinem Sohn, doch Edmund starrt zu Boden.
TYRONE *erzwungen beiläufig* Wird es nicht Zeit fürs Abendessen, Liebling? *Mit dem schwachen Versuch, sie zu hänseln* Da schimpfst du ständig mit mir, dass ich zu spät komme, aber wenn ich einmal pünktlich bin, lässt das Essen auf sich warten.
Sie scheint ihn nicht zu hören. Er setzt immer noch munter hinzu.
Na, wenn's mit dem Essen noch dauert, kann ich ja wenigstens schon mal was trinken. Hätte ich doch beinahe vergessen.
Er trinkt aus seinem Glas. Edmund beobachtet ihn. Tyrones Gesicht verfinstert sich, und er sieht seine Frau misstrauisch an.

Grob Wer hat meinen Whisky gepanscht? Das Zeug ist ja zur Hälfte Leitungswasser! Jamie war nicht hier, und außerdem würde er seinen Trick nicht so schamlos übertreiben. Das merkt doch ein Blinder – antworte mir, Mary! *Angewidert und zornig* Ich hoffe bei Gott, du fängst jetzt nicht auch noch an zu trinken, zusätzlich zu –
EDMUND Halt den Mund, Papa! *Zu seiner Mutter, ohne sie anzusehen* Du hast Cathleen und Bridget einen Drink spendiert, stimmt's, Mama?
MARY *gleichgültig und beiläufig* Ja, genau. Sie schuften hier für einen Hungerlohn. Und ich als Hausfrau muss dafür sorgen, dass sie uns nicht weglaufen. Außerdem wollte ich Cathleen etwas Gutes tun, weil sie mit mir in die Stadt gefahren ist und aus der Apotheke das Mittel besorgt hat.
EDMUND Um Himmels willen, Mama! Auf die ist doch kein Verlass! Soll es denn die ganze Stadt erfahren?
MARY *mit störrischer Miene* Was denn erfahren? Dass ich Rheuma in den Händen habe und deswegen ein Schmerzmittel nehmen muss? Das ist doch keine Schande, oder? *Wendet sich vorwurfsvoll mit harter Anklage und beinahe rachsüchtiger Feindseligkeit an Edmund* Bevor du auf die Welt gekommen bist, wusste ich überhaupt nicht, was Rheuma ist! Frag deinen Vater!
Edmund sieht weg, zieht sich in sich selbst zurück.
TYRONE Hör gar nicht hin, mein Junge. Nimm das bloß nicht ernst. Wenn sie jetzt schon in dem Stadium ist, wo sie's mit dieser dämlichen Rheuma-Ausrede versucht, dann ist sie schon sehr weit weg von uns.
MARY *gegen ihn gerichtet – mit einen seltsam triumphierenden, provokanten provozierenden Lächeln* Wie schön, dass du das einsiehst, James! Vielleicht hört ihr dann endlich auf, mich dauernd an etwas erinnern zu wollen, du und Edmund! *Unvermittelt distanziert und sachlich* Mach doch Licht, James. Es wird dunkel. Ich weiß, du tust es ungern, aber Edmund hat dir ja vorgerechnet, wie wenig es kostet, wenn nur eine Glühbirne brennt. Bei aller Angst vor dem Armenhaus solltest du deinen Geiz doch nicht übertreiben.
TYRONE *reagiert automatisch* Ich habe nie behauptet, dass eine Glühbirne viel kostet! Nur wenn man überall welche brennen lässt,

hier eine und da eine, dann verdient sich das Elektrizitätswerk dumm und dämlich. *Er steht auf und knipst die Leselampe an.* Grob Ach, es hat ja doch keinen Sinn, mit dir noch vernünftig reden zu wollen. *Zu Edmund* Ich hol uns eine neue Flasche Whisky, mein Junge, damit wir endlich was Ordentliches zu trinken kriegen. *Er verschwindet im Verbindungszimmer.*

MARY *unbeteiligt und amüsiert* Jetzt schleicht er sich ums Haus zur äußeren Kellertür, damit ihn die Dienstboten nicht sehen. Es ist ihm nämlich peinlich, dass er seinen guten Whisky im Keller weggesperrt hat. Dein Vater ist ein sonderbarer Mensch. Ich habe Jahre gebraucht, um ihn zu verstehen. Du musst auch versuchen, ihn zu verstehen und ihm zu verzeihen. Du darfst ihn für seinen Geiz nicht verachten. Sein Vater hat seine Mutter mit sechs Kindern sitzen lassen, da waren sie gerade erst ein Jahr in Amerika. Er hat geahnt, dass er früh sterben wird und Heimweh nach Irland gehabt und wollte dort begraben sein. Also ist er hingefahren und auch tatsächlich dort gestorben. Das muss auch ein sonderbarer Mensch gewesen sein. Dein Vater musste schon mit zehn Jahren in einer Werkzeugfabrik arbeiten.

EDMUND *protestiert matt* Lieber Himmel, Mama. Diese Geschichte von der Werkzeugfabrik kommt mir schon zu den Ohren raus, so oft hat Papa sie erzählt.

MARY Ja, Lieber, die hast du dir oft anhören müssen, aber du hast wohl nie versucht, sie auch zu verstehen.

EDMUND *überhört dies – kläglich* Hör mal, Mama! So weit weg bist du doch noch nicht, dass du schon alles vergessen hast. Du hast mich überhaupt nicht gefragt, was heute Nachmittag los war. Ist dir das ganz egal?

MARY *bestürzt* So was darfst du nicht sagen! Das tut mir weh, Lieber.

EDMUND Ich bin ernsthaft krank, Mama. Doktor Hardy ist sich jetzt sicher.

MARY *erstarrt in verächtlichem, störrischem Trotz* Dieser alte verlogene Quacksalber! Ich hab dir doch gesagt, der saugt sich irgendwas aus den Fingern –!

EDMUND *niedergeschlagen und beharrlich* Er hat mich von einem Spezialisten untersuchen lassen, um ganz sicher zu gehen.

MARY *überhört dies* Komm mir bloß nicht mit Doktor Hardy! Du hättest mal den Arzt im Sanatorium hören sollen – und der hat wirklich Ahnung – was der über seine Behandlungsmethoden gesagt hat. So jemand gehört eingesperrt, hat er gemeint. Es wäre ein Wunder, dass ich dabei nicht verrückt geworden sei! Da hab ich ihm von der Nacht erzählt, als ich im Nachthemd rausgerannt bin und mich von der Hafenmauer stürzen wollte. Daran wirst du dich wohl noch erinnern, ja? Und trotzdem soll ich mir jetzt anhören, was Doktor Hardy zu erzählen hat? O nein!

EDMUND *bitter* Und ob ich mich daran erinnere. Gleich danach haben Jamie und Papa nämlich beschlossen, dass sie es mir nicht länger verheimlichen konnten. Jamie hat's mir dann schonend beigebracht. Ich habe ihn Lügner genannt und wollte ihm die Nase blutig schlagen. Aber ich wusste, dass er nicht gelogen hatte. *Seine Stimme bebt, Tränen stehen ihm in den Augen.* Und danach war mir alles im Leben vergällt!

MARY *kläglich* Bitte nicht. Mein Junge! Du tust mir furchtbar weh!

EDMUND *matt* Tut mir Leid, Mama. Aber du hast davon angefangen. *Dann mit verbitterter, störrischer Hartnäckigkeit* Pass mal auf, Mama. Ob du's hören willst oder nicht. Ich muss ins Sanatorium.

MARY *benommen, als hätte sie mit so etwas nie gerechnet* Du musst fort? *Heftig* Nein! Das lasse ich nicht zu! Was fällt Doktor Hardy ein, so etwas anzuordnen, ohne sich vorher mit mir zu beraten! Wie kommt dein Vater dazu, da zuzustimmen! Mit welchem Recht? Du bist mein Kind! Soll er sich doch um Jamie kümmern! *Immer erregter und verbitterter* Ich weiß schon, warum er dich ins Sanatorium schickt. Um dich mir wegzunehmen! Das hat er schon immer gewollt. Er war auf jedes meiner Kinder eifersüchtig! Er hat immer wieder Wege gefunden, mich von ihnen zu trennen. Das war der Grund für Eugenes Tod. Und auf dich war er am meisten eifersüchtig. Er wusste, dass ich dich am meisten liebte, weil –

EDMUND *unglücklich* Ach Mama, hör doch endlich mit diesem Unsinn auf! Versuch nicht wieder, ihm die Schuld zu geben. Wieso bist du eigentlich auf einmal so dagegen, dass ich fortgehe? Ich war schon oft weg, und bisher hat es dir auch nie das Herz gebrochen!

MARY *bitter* So wahnsinnig sensibel bist du wohl doch nicht. Du hättest dir eigentlich denken können, Lieber, dass ich – nachdem du über mich Bescheid wusstest – jedes Mal froh sein musste, wenn du woanders warst, wo du mich nicht ständig vor Augen hattest.
EDMUND *gebrochen* Mama! Bitte nicht! *Er streckt blind den Arm aus und nimmt ihre Hand – lässt sie aber gleich wieder los, weil ihn die Verbitterung erneut überkommt.* Was soll das ganze Gerede, wie sehr du mich liebst – dabei hörst du nicht mal zu, wenn ich dir zu sagen versuche, wie krank –
MARY *mit einem abrupten Wechsel zu unbeteiligter mütterlicher Bevormundung* Na, na. Jetzt reicht's aber! Ich will nichts davon hören, weil ich weiß, dass das alles nur Hardys dumme Lügen sind.
Er zieht sich in sich zurück. Sie fährt immer noch in einem gekünstelt hänselnden, aber zunehmend vorwurfsvolleren Ton fort.
Du bist genau wie dein Vater, Lieber. Du machst auch immer aus jeder Mücke gleich einen Elefanten, bloß damit du einen dramatischen und tragischen Auftritt hinlegen kannst. *Mit einem herabsetzenden Lachen* Wenn ich dich da nicht sofort bremse, erzählst du mir als Nächstes, dass du bald sterben musst –
EDMUND Manche Leute sterben auch daran. Dein Vater zum Beispiel –
MARY *scharf* Was hat denn mein Vater damit zu tun? Das kann man doch überhaupt nicht vergleichen. Er hatte Schwindsucht. *Wütend* Ich kann es nicht ausstehen, wenn du so düster und morbid bist! Ich verbiete dir, mich an den Tod meines Vaters zu erinnern, hörst du mich?
EDMUND *mit verhärteter Miene – grimmig* Ja, ich höre dich, Mama. Aber, bei Gott, ich wäre lieber taub! *Er steht auf und starrt sie voller Verachtung an. Verbittert* Es ist nicht immer leicht zu ertragen, dass die eigene Mutter an der Nadel hängt!
Sie stöhnt auf, ihre Miene wird leblos wie eine Totenmaske. Edmund würde seine Worte am liebsten sofort wieder zurücknehmen. Er stammelt unglücklich.
Verzeih mir, Mama. Ich war wütend. Du hast mich verletzt.
Schweigen. Man hört das Nebelhorn und die Schiffsglocken.
MARY *geht langsam und wie willenlos zu der Fensterreihe links und*

schaut hinaus; wie von weit her mit leerer Stimme Nun hör dir dieses schreckliche Nebelhorn und das Gebimmel an. Warum klingt im Nebel nur alles so trostlos und gottverlassen?

EDMUND *gebrochen* Ich – ich kann nicht hier bleiben. Ich will nichts essen.

Er läuft durch die Salontür hinaus. Mary starrt weiter aus dem Fenster, bis sie die Haustür zufallen hört. Dann geht sie zu ihrem Sessel zurück und setzt sich. Ihr Gesicht ist immer noch ausdruckslos.

MARY *unbestimmt* Ich muss nach oben. Die Dosis war zu klein. *Sie schweigt.* Dann *sehnsüchtig* Hoffentlich erwische ich irgendwann einmal aus Versehen eine Überdosis. Absichtlich könnte ich es nie tun. Dann würde mir die Heilige Jungfrau nie mehr vergeben.

Sie hört Tyrone zurückkommen und dreht sich zu ihm um, als er durch das Durchgangszimmer mit einer frisch entkorkten Flasche Whisky eintritt. Er kocht vor Wut.

TYRONE *wutschäumend* Das Vorhängeschloss ist total zerkratzt. Der versoffene Kerl wollte das Schloss mit einem Stück Draht aufkriegen. Das hat er schon mal gemacht. *Hochbefriedigt, als sei dies ein ständiger Wettstreit mit Jamie* Aber diesmal habe ich ihn reingelegt. Da hängt jetzt ein Spezialschloss dran, das nicht mal ein professioneller Einbrecher knacken kann. *Er stellt die Flasche auf das Tablett und merkt plötzlich, dass Edmund weg ist.* Wo ist Edmund?

MARY *vage und entrückt* Er ist weggegangen. Vielleicht will er wieder in die Stadt, um Jamie zu finden. Vermutlich hat er noch etwas Geld übrig, und das will er so rasch wie möglich unter die Leute bringen. Er hat gesagt, er will nichts essen. Er scheint in letzter Zeit überhaupt keinen Appetit zu haben. *Dann störrisch* Aber es ist ja bloß eine Sommergrippe.

Tyrone schaut sie an und schüttelt hilflos den Kopf. Er gießt sich ein großes Glas ein und trinkt es leer. Plötzlich erträgt Mary die Situation nicht mehr, sie bricht zusammen und schluchzt.

Ach, James, ich habe solche Angst! *Sie steht auf, schlingt ihm die Arme um den Hals und birgt das Gesicht an seiner Schulter. Schluchzend* Er muss sterben. Ich weiß es!

TYRONE Sag so was nicht! Das ist nicht wahr. In einem halben Jahr ist er geheilt, das haben sie mir versprochen.

MARY Das glaubst du ja selber nicht! Ich weiß doch genau, wann du Theater spielst. Und ich bin an allem schuld. Ich hätte ihn nie auf die Welt bringen dürfen. Das wäre besser für ihn gewesen. Dann hätte ich ihm nie so wehtun können. Er hätte nie erfahren müssen, dass seine Mutter süchtig ist – und er hätte sie nie hassen müssen!

TYRONE *mit bebender Stimme* Sei still, Mary, um Gottes willen. Er liebt dich doch. Er weiß genau, dass es dich wie ein Fluch getroffen hat und dass du es weder gewusst noch gewollt hast. Er ist stolz auf seine Mutter! *Er hört, dass sich die Tür zum Anrichtezimmer öffnet. Abrupt* Still jetzt, Cathleen kommt. Sie soll doch nicht sehen, dass du weinst.

Sie wendet sich rasch zu der Fensterreihe links um und trocknet sich hastig die Tränen. Einen Augenblick später erscheint Cathleen in der Tür des Verbindungszimmers. Sie schwankt etwas und lächelt beschwipst.

CATHLEEN *zuckt schuldbewusst zusammen, als sie Tyrone sieht – würdevoll* Es ist angerichtet, Sir. *Unnötig laut* Es ist angerichtet, Ma'am. *Sie vergisst ihre würdige Haltung und redet Tyrone wohlwollend-vertraulich an.* Na, nun sind Sie ja doch da. Da wird Bridget ganz schön sauer sein! Wo ich ihr doch gesagt hab, dass die Ma'am gemeint hat, Sie kämen nicht zum Essen. *Bemerkt seinen anklagenden Blick* Sie brauchen mich gar nicht so schief anzuschauen. Ja, ich hab 'nen Schluck getrunken. Aber stibitzt hab ich den Whisky nich. Den hab ich spendiert bekommen. *Sie wendet sich gekränkt ab und verschwindet im Verbindungszimmer.*

TYRONE *seufzt – dann mit theaterhafter Herzlichkeit* Na komm, Liebling. Gehen wir Abendessen. Ich habe einen Bärenhunger.

MARY *geht zu ihm – ihr Gesicht gleicht wieder einer starren Maske, und ihre Stimme klingt wie von weit her* Du wirst mich wohl entschuldigen müssen, James. Ich kann jetzt unmöglich etwas essen. Die Hände tun mir entsetzlich weh. Das Beste wird sein, ich gehe ins Bett und schlafe. Gute Nacht, Liebling. *Sie küsst ihn mechanisch und geht zum Salon.*

TYRONE *grob* Nichts wie rauf zu deinem gottverfluchten Gift, ja?

Und bevor die Nacht zu Ende ist, geisterst du dann wieder herum, wie ein verrückt gewordenes Gespenst!

MARY *im Weggehen – ausdruckslos* Ich weiß nicht, wovon du redest, James. Du sagst immer so gemeine, bitterböse Sachen, wenn du zu viel getrunken hast. Du bist auch nicht besser als Jamie oder Edmund.

Sie geht durch den Salon ab. Tyrone bleibt einen Augenblick unschlüssig stehen: ein trauriger, verstörter, gebrochener alter Mann. Dann geht er schleppend durch das Verbindungszimmer zum Esszimmer.

Vorhang

Vierter Akt

Derselbe Schauplatz, gegen Mitternacht. Der Hausflur ist dunkel, sodass auch kein Licht aus dem Salon ins Wohnzimmer fällt, das seinerseits nur von der Leselampe erhellt wird. Der Nebel vor dem Fenster hat sich zur festen Wand verdichtet. Als sich der Vorhang öffnet, tutet das Nebelhorn, dann Schiffsglockengebimmel vom Hafen her.
Tyrone sitzt am Tisch. Er trägt einen Zwicker und legt eine Patience. Die Jacke hat er abgelegt und sich einen alten braunen Bademantel angezogen. Die Whiskyflasche auf dem Tablett ist zu drei Vierteln geleert. Mit einer zweiten, unangebrochenen ist für ausreichend Nachschub gesorgt. Tyrone ist betrunken, was sich in dem großäugigen bedächtigen Blick zeigt, mit dem er jede einzelne Karte prüft und sie dann unschlüssig ablegt. Seine Augen wirken getrübt und glasig, der Mund schlaff. Aber auch wenn er reichlich getrunken hat, die Flucht aus seinem Elend ist ihm damit nicht gelungen, und wie zum Ende des Dritten Aktes macht er den Eindruck eines traurigen und geschlagenen alten Mannes, der alle Hoffnung und Zuversicht aufgegeben hat. Er hat gerade eine Partie zu Ende gespielt und schiebt die Karten zusammen. Er mischt sie unbeholfen, lässt ein paar fallen, bückt sich mühsam nach ihnen und mischt sie neu. Jemand kommt zur Haustür herein. Er schaut über seinen Zwicker in den Salon.

TYRONE *mit schwerer Zunge* Wer ist da. Bist du's, Edmund?
Edmund erwidert knapp: »Ja.« Man hört ihn irgendwo anstoßen und fluchen. Das Licht im Hausflur geht an. Tyrone runzelt die Stirn und ruft.
Mach das Licht aus, bevor du reinkommst.
Aber das Licht bleibt an. Edmund kommt durch den Salon ins Zimmer. Auch er ist inzwischen betrunken, was man ihm, wie seinem Vater, kaum anmerkt, außer an den Augen und einer wie gehetzten, angriffslustigen Haltung. Tyrone begrüßt ihn zunächst herzlich und mit Erleichterung.

Schön, dass du kommst, Junge. Ich war verflucht allein hier. *Dann vorwurfsvoll* Du machst mir Spaß, haust einfach ab und lässt mich hier die ganze Nacht allein hocken, wo du doch weißt – *Scharf und gereizt* Du sollst das Licht ausmachen, hab ich gesagt! Wir geben hier keinen Ball. Es besteht also kein Grund, das Haus zu nachtschlafender Zeit mit einer Festbeleuchtung zu illuminieren und Unsummen zu verpulvern!

EDMUND *ärgerlich* Festbeleuchtung! Die eine Birne! Herrgott nochmal, jede normale Familie lässt im Flur das Licht brennen, bis alle zu Bett gegangen sind. *Er reibt sich das Knie.* Fast hätte ich mir an der blöden Garderobe das Knie aufgeschlagen.

TYRONE Das Licht aus dem Wohnzimmer reicht bis in die Diele. Wenn du nüchtern wärst, hättest du den Weg problemlos gefunden.

EDMUND Wenn i c h nüchtern wäre. Du bist gut!

TYRONE Was andere Leute machen, ist mir Wurscht. Wenn die aus purer Angabe ihr Geld rausschmeißen, dann sollen sie doch!

EDMUND Die eine Birne! Du bist wirklich das Allerletzte! Ich hab dir doch haarklein vorgerechnet, dass eine Birne, die die ganze Nacht brennt, weniger kostet als ein Whisky!

TYRONE Deine Rechnerei interessiert mich einen Dreck! Mich interessiert nur die Stromrechnung, die ich am Monatsende berappen muss!

EDMUND *setzt sich Tyrone gegenüber – verächtlich* Ach so, Tatsachen zählen wohl nicht? Wahr ist nur, was du glauben willst! *Stichelnd* Zum Beispiel: Shakespeare war ein irischer Katholik.

TYRONE *störrisch* War er auch. Das beweisen seine Stücke.

EDMUND War er nicht. Und seine Stücke beweisen da gar nichts, nur dir. *Höhnisch* Und der Herzog von Wellington, das war natürlich auch so ein aufrechter irischer Katholik!

TYRONE Aufrecht hab ich nie behauptet. Ein Abtrünniger, aber trotzdem ein Katholik.

EDMUND War er nicht. Aber du willst eben unbedingt glauben, dass nur ein irischer Katholik Napoleon schlagen konnte.

TYRONE Darüber diskutiere ich doch nicht mit dir. Ich habe dich gebeten, das Licht im Flur auszumachen.

EDMUND Ich hab's vernommen und beschlossen, es brennen zu lassen.

TYRONE Werd bloß nicht frech! Tust du jetzt, was ich sage?
EDMUND Nein! Mach's gefälligst selber aus, wenn du hier unbedingt den bescheuerten Geizhals spielen musst!
TYRONE *drohend* Pass mal auf, Freundchen. Ich hab mir eine Menge von dir bieten lassen, weil du schon so verrückte Dinger geliefert hast, dass ich manchmal dachte, du hast nicht alle Tassen im Schrank. Ich habe dich sogar noch verteidigt und nie die Hand gegen dich erhoben. Aber irgendwann ist Schluss. Du machst jetzt sofort das Licht aus, oder du kriegst von mir in deinem Alter noch so eine Tracht Prügel, dass du –!
Plötzlich fällt ihm Edmunds Krankheit ein, und er bekommt sofort ein schlechtes Gewissen und schämt sich.
Tut mir Leid, Junge. Ich hatte vergessen, dass du – du darfst mich aber auch nicht derartig reizen.
EDMUND *seinerseits beschämt* Schon gut, Papa. Ich muss mich auch entschuldigen. Es war nicht recht von mir, wegen einer Kleinigkeit gleich so eklig zu werden. Bin wohl etwas betrunken. Ich mach jetzt das blöde Licht aus. *Er will aufstehen.*
TYRONE Nein, du rührst dich nicht vom Fleck. Lass es brennen. *Er steht abrupt und ein bisschen betrunken auf und knipst nacheinander die drei Glühbirnen im Kronleuchter an. Mit kindischem, bitterem und theatralischem Selbstmitleid* Wir machen alle an! Alle sollen brennen! Scheiß drauf! Ob ich nun etwas früher oder später im Armenhaus lande, ist auch schon egal! *Er hat die Glühbirnen angeknipst.*
EDMUND *schaut ihm bei seinem Treiben zu, findet es immer komischer und grinst – liebevoll-spöttisch* Bravo! Vorhang! *Er lacht.* Papa, du bist sensationell.
TYRONE *setzt sich verlegen hin – grummelt herzergreifend* Nur zu, lach ihn ruhig aus, den alten Deppen! Den armen alten Schmierenkomödianten! Aber der letzte Akt spielt trotzdem im Armenhaus, und das wird keine Komödie!
Als Edmund sich weiter über ihn lustig macht, wechselt er das Thema.
Lass gut sein, wir wollen nicht streiten. Du bist ja weiß Gott nicht auf den Kopf gefallen, auch wenn du mit aller Gewalt immer das

Gegenteil beweisen willst. Du lernst schon noch, was ein Dollar wert ist. Du bist anders als dein nichtsnutziger Bruder. Bei dem ist Hopfen und Malz verloren. Wo steckt der eigentlich?

EDMUND Woher soll ich das wissen?

TYRONE Ich denke, du wolltest dich in der Stadt nochmal mit ihm treffen.

EDMUND Nein. Ich bin zum Strand rausgelaufen. Ich hab ihn seit heute Nachmittag nicht mehr gesehen.

TYRONE Also, wenn du so dämlich warst, das Geld, das ich dir gegeben habe, mit ihm zu teilen –

EDMUND Aber sicher. Er hat mir doch auch immer unter die Arme gegriffen, wenn er was in der Tasche hatte.

TYRONE Dann braucht man keine hellseherischen Fähigkeiten, um zu wissen, wo er steckt. Im Puff wahrscheinlich.

EDMUND Na und? Warum denn nicht?

TYRONE *verächtlich* Ja, warum denn eigentlich nicht. Da passt er ja auch hin. Höhere Ambitionen als Huren und Whisky hat der ja meines Wissens nie gehabt.

EDMUND Mein Gott, Papa! Wenn das jetzt wieder losgeht, dann verschwinde ich. *Er will aufstehen.*

TYRONE *beschwichtigend* Gut, gut, ich hör ja schon auf. Ich bin das Thema weiß Gott auch leid. Trinkst du noch einen mit mir?

EDMUND Das ist ein Wort!

TYRONE *reicht ihm die Flasche – mechanisch* Ich sollte dir eigentlich keinen mehr ausgeben. Du hast schon genug gehabt.

EDMUND *gießt sich ein großes Glas ein – angetrunken* Genug ist noch lange nicht zu viel. *Er gibt die Flasche zurück.*

TYRONE Zu viel für deinen Zustand.

EDMUND Ach was, mein Zustand! Ich pfeif auf meinen Zustand! *Er hebt das Glas.* Prost!

TYRONE Wohl bekomm's.

Sie trinken.

Wenn du bis runter zum Strand marschiert bist, musst du ja völlig nass und durchgefroren sein.

EDMUND Ich hab auf dem Hin- und Rückweg in der Kneipe Station gemacht.

TYRONE In so einer Nacht würde ich keine langen Spaziergänge unternehmen.
EDMUND Der Nebel war toll. Genau das hab ich gebraucht. *Man hört und sieht ihm seinen Rausch immer deutlicher an.*
TYRONE Du solltest vernünftig genug sein, um jetzt nichts zu riskieren, sonst –
EDMUND Scheiß auf die Vernunft! Wir sind alle verrückt. Was sollen wir denn mit der Vernunft? *Er zitiert sarkastisch aus Dowson.*

»Sie dauern nicht, das Lachen und Weinen,
Die Liebe, der Hass, die Begier:
Es kommt die Zeit, da bewegen sie keinen:
Hinter der Tür.

Sie dauern nicht, die Tage des Weins und der Rosen,
Denn alles, was wir hier schaun,
Ist ein kleines Stück Weg im Weglosen,
Kurz wie ein Traum.«

Er starrt vor sich hin. Ich wollte unbedingt in den Nebel. Schon auf halbem Weg zur Gartentür sieht man das Haus nicht mehr. Es war wie vom Erdboden verschluckt. Genau wie die anderen Häuser entlang der Straße. Ich konnte nur ein paar Schritt weit sehen. Weit und breit keine Menschenseele. Alles um mich herum schien unwirklich. Auch die Geräusche. Nichts war wie sonst. Genau das wollte ich – mit mir selbst allein sein in einer anderen Welt, wo die Wahrheit nicht wahr ist und das Leben sich vor sich selbst verbergen kann. Und hinter dem Hafen, auf der Straße, die am Strand entlang führt, überfiel mich das Gefühl, kein festes Land mehr unter den Füßen zu haben. Der Nebel und das Meer durchdrangen einander. Mir war, als ginge ich auf dem Grund des Meeres. Wie ein vor langer Zeit Ertrunkener. Wie ein Gespenst des Nebels, das durchs Meer geistert. Es war unglaublich friedvoll, bloß noch das Gespenst eines Gespenstes zu sein. *Er merkt, dass sein Vater ihn halb besorgt und halb missbilligend-verärgert ansieht. Edmund lächelt spöttisch.* Schau mich nicht so an, als wäre ich übergeschnappt. Ich rede keinen Stuss. Wer sieht dem Leben denn schon freiwillig ins Gesicht? Es trägt ein dreifaches Gorgonenhaupt.

Man sieht es an und versteinert. Es ist wie bei dem Gott Pan. Wer ihn sieht, stirbt – in seinem Inneren – und muss weiterleben als Gespenst.

TYRONE *beeindruckt und zugleich abgestoßen* In dir steckt wirklich ein Dichter, aber einer von der verdammt morbiden Sorte! *Er zwingt sich zu einem Lächeln.* Zum Teufel mit deinem Pessimismus. Ich bin schon deprimiert genug. *Er seufzt.* Warum hältst du dich nicht an Shakespeare statt an diese drittklassigen Versedrechsler? Bei ihm steht alles, was du sagen willst – und überhaupt alles, was sich zu sagen lohnt. *Er zitiert mit seiner Bühnenstimme.* »Wir sind aus solchem Stoff, aus dem die Träume sind, und unser kleines Leben umfasst ein Schlaf.«

EDMUND *ironisch* Großartig! Wirklich schön. Aber das hatte ich eigentlich nicht sagen wollen. Wir sind aus solchem Stoff, der nur zum Dünger taugt, also trinken wir noch einen und vergessen das Ganze. Das trifft es schon eher.

TYRONE *angewidert* Ach, verschon mich mit solchen Anwandlungen. Den letzten Whisky hätte ich dir besser nicht spendiert.

EDMUND Ja, der hat voll reingeknallt. Bei dir aber auch. *Er grinst liebevoll-spöttisch.* Selbst wenn du nie eine Vorstellung geschmissen hast! *Aggressiv* Dann ist man eben besoffen! Na und? Wir wollen uns ja beide betrinken, stimmt's? Machen wir uns doch gegenseitig nichts vor, Papa. Wenigstens nicht heute Nacht. Wir wissen beide, was wir vergessen wollen. *Rasch* Reden wir nicht mehr drüber. Das bringt doch nichts.

TYRONE *dumpf* Nein. Wir müssen wieder mal versuchen, uns damit abzufinden.

EDMUND Oder uns bis zur Bewusstlosigkeit zu besaufen. *Er rezitiert recht gekonnt mit bitterer, ironischer Intensität Baudelaires* »Enivrez-vous«. »Man muss immer trunken sein. Darum geht es: Das ist das einzige Geheimnis. Um die Last der Zeit nicht zu fühlen, die eure Schultern zerbricht und euch zu Boden drückt, müsst ihr euch ohne Unterlass berauschen. Womit aber? Mit Wein, mit Poesie oder Tugend, nach eurem Belieben. Aber berauscht euch. Und wenn ihr manchmal erwacht, ob auf den Stufen eines Schlosses, im grünen Gras eines Straßengrabens, oder in der trüben Verlassen-

heit eurer Kammer, und der Rausch ist schon halb oder ganz verflogen, so fragt den Wind, die Welle, den Stern, den Vogel, die Uhr, alles, was flieht, alles, was seufzt, alles, was rollt, was singt, was spricht, fragt, welche Stunde es sei; und der Wind, die Welle, der Stern, der Vogel, die Uhr werden euch antworten: »Es ist die Stunde des Rausches! Um nicht die geschundenen Sklaven der Zeit zu sein, berauscht euch; berauscht euch ohne Unterlass! An Wein, an Poesie, an Tugend, nach eurem Belieben.« *Er grinst seinen Vater herausfordernd an.*
TYRONE *mit plattem Humor* Mit der Tugend würde ich's an deiner Stelle erst gar nicht versuchen. *Dann angewidert* Pah! Morbider Quatsch! Das Körnchen Wahrheit, das drinsteckt, hat Shakespeare erhabener formuliert. *Dann lobend* Aber du hast es gut vorgetragen, Junge. Von wem ist es?
EDMUND Baudelaire.
TYRONE Nie gehört.
EDMUND *grinst herausfordernd* Er hat auch ein Gedicht über Jamie und den Broadway geschrieben –
TYRONE Der Rumtreiber. Hoffentlich verpasst er die letzte Straßenbahn und muss in der Stadt bleiben!
EDMUND *überhört das und setzt seinen angefangenen Satz fort* – obwohl er Franzose war, den Broadway nie gesehen hat und bei Jamies Geburt schon unter der Erde lag. Aber er hat ihn und unser altes kleines Kaff New York trotzdem gekannt. *Er rezitiert Baudelaires »Epilogue«.*

»Zufriedenen Herzens stieg ich auf des Berges Spitze,
Von wo weit hingedehnt die Stadt man liegen sieht,
Fegefeuer, Hölle, Zuchthaus, Bordell, Hospize.

Wo jede Scheußlichkeit wie eine Blume blüht,
Du kennst, o Satan, mein Verderben zu Genüge,
Nicht sang ich dort des Wegs ein eitles Trauerlied.

Denn wie ein alter Lustbock einer alten Liebe,
Wollt ich der aufgedunsenen Dirne trunken sein,
Die höllisch mich verführt und zwingt, dass jung ich bliebe.

Ob Schlaf dich wiegt noch in des Morgens Kissen ein,
Dick, düster, hustend, ob über dir sich bläht
Des Abends Segel in seiner goldenen Borten Schein.

Ich lieb dich, sündige Stadt! Dieb, Prolet,
Kokotte, wie oft seid ihr bereit, mir zu verleihen
Die Freuden, davon die dumpfe Herde nichts versteht.«

TYRONE *gereizt und angeekelt* Morbider Dreck! Was hast du bloß für einen Literaturgeschmack! Schmutz und Verzweiflung und Pessimismus! Noch so ein Atheist! Wer Gott leugnet, leugnet auch jede Hoffnung. Daran fehlt's bei euch eben. Wenn ihr euch nur e i n m a l hinknien würdet –

EDMUND *als hätte er das nicht gehört – sarkastisch* Ist doch ein ziemlich gutes Porträt von Jamie, findest du nicht? Wie er sich auf der Flucht vor sich selbst und dem Whisky in einer Absteige am Broadway mit einer fetten Nutte verkriecht – er steht nämlich auf die Fetten – und ihr dann Dowsons »Cynara« vordeklamiert. *Er rezitiert Dowsons »Cynara«, spöttisch aber mit viel Gefühl.*

»An meinem Herzen fühlt ich ihres Herzens Glut
Und ihren Schlaf und ihren Leib die lange Nacht;
O ja, ihre gekauften Küsse schmeckten gut –
Doch wollt in mir die alte Liebe nicht erkalten,
Und krank und matt bin ich zum grauen Tag erwacht:
Auf meine Art, Cynara, hab Treu ich dir gehalten!«

Höhnisch Und die abgetakelte fette Nutte versteht natürlich nur Bahnhof und meint, er hätte sie beleidigt! Dabei hat für Jamie nie eine Cynara existiert, und er hat auch nie im Leben einer Frau die Treue gehalten, nicht mal auf seine Art! Aber da liegt er, wähnt sich weiß Gott wie überlegen und genießt »Freuden, davon die dumpfe Herde nichts versteht«! *Er lacht.* Bescheuert! Absolut bescheuert!

TYRONE *unbestimmt – mit schwerer Zunge* Der reine Irrsinn, ja. Wenn ihr euch nur einmal hinknien und beten würdet. Wer Gott leugnet, leugnet den gesunden Menschenverstand.

EDMUND *überhört das* Aber ich hab's gerade nötig, überheblich zu sein. So was in der Art hab ich mir schließlich auch schon geleistet. Und Dowson war genauso verrückt. Schreibt in seinem Absinthkater das Gedicht für ein dummes Animiermädchen, das ihn für einen armen alten Saufkopf hält, ihm den Laufpass gibt und einen Kellner heiratet! *Er lacht – dann ernüchtert und mit echtem Mitgefühl.* Armer Dowson. Der Suff und die Schwindsucht haben ihn erledigt. *Er schrickt zusammen und wirkt für einen Moment unglücklich und verängstigt. Dann ironisch abwehrend* Ich sollte jetzt wohl taktvollerweise das Thema wechseln.

TYRONE *schwerfällig* Wie kommst du bloß auf solche Autoren – du und deine verdammte Bibliothek! *Er deutet nach hinten auf das kleine Bücherbord.* Voltaire, Rousseau, Schopenhauer, Nietzsche, Ibsen! Atheisten, Ignoranten, Irrenhäusler! Und dann erst deine Dichter! Dieser Dowson und Baudelaire und Swinburne und Oscar Wilde und Whitman und Poe! Hurenböcke und Perverse! Pah! Wo ich da drüben – *Er deutet auf den großen Bücherschrank.* – drei gute Shakespeare-Ausgaben stehen habe, die du lesen könntest.

EDMUND *herausfordernd* Der war auch ein großer Schluckspecht, heißt es.

TYRONE Alles Lüge! Er hat sicher gerne mal einen zur Brust genommen – diese Schwäche ziert jeden richtigen Mann – aber er konnte damit umgehen und hat nicht so lange gesoffen, bis er bloß noch Schmutz und kranke Ideen im Hirn hatte. Vergleich ihn bloß nicht mit dem Gesindel, das du da stehen hast. *Er deutet wieder auf das kleine Bücherregal.* Dein Schmutzfink Zola! Und dein Dante Gabriel Rossetti, dieser Süchtling! *Er zuckt schuldbewusst zusammen.*

EDMUND *abwehrend trocken* Wir sollten jetzt vielleicht besser das Thema wechseln. *Pause* Du kannst mir aber nicht vorwerfen, ich würde meinen Shakespeare nicht kennen. Ich hab mal fünf Dollar von dir gewonnen, weil du mit mir gewettet hattest, ich würd's nicht schaffen, binnen einer Woche eine Hauptrolle von ihm auswendig zu lernen, so wie du das früher immer gemacht hast, um dein Repertoire zu erweitern. Ich hab mir den Macbeth vorgenommen und perfekt gelernt abgeliefert. Du hast mir nur die Stichworte gegeben.

TYRONE *anerkennend* Stimmt. So war's. *Er lächelt spöttisch und*

seufzt. Es war die reinste Tortur, wie du seine Verse verhunzt hast. Ich hab mir gewünscht, ich hätte meine Wettschulden bei dir beglichen, ohne von dir den Beweis zu fordern.
Er kichert, und Edmund grinst. Dann zuckt er zusammen, als er oben ein Geräusch hört. Angstvoll Hörst du? Sie geistert oben herum. Ich hatte gehofft, sie schläft.
EDMUND Vergiss es! Trinken wir noch einen?
Er greift nach der Flasche, gießt sich ein und reicht die Flasche Tyrone zurück. Mit erzwungener Beiläufigkeit, als Tyrone sich ein Glas einschenkt.
Wann hat sich Mama denn hingelegt?
TYRONE Gleich nachdem du weg warst. Sie wollte nicht zu Abend essen. Warum bist eigentlich abgehauen?
EDMUND Nur so. *Hebt unvermittelt das Glas* Na dann, Prost.
TYRONE *automatisch* Wohl bekomm's, Junge.
Sie trinken. Tyrone lauscht wieder auf Geräusche von oben.
Angstvoll Sie geistert mächtig herum. Hoffentlich kommt sie nicht runter.
EDMUND *dumpf* Ja. Inzwischen ist sie nur noch ein Gespenst, das in der Vergangenheit herumspukt. *Er schweigt. Dann unglücklich* In der Vergangenheit, bevor ich geboren wurde –
TYRONE Meinst du, mir geht's besser? Bei mir redet sie von der Zeit, bevor sie mich kannte. Man könnte meinen, richtig glücklich sei sie nur im Haus ihres Vaters gewesen oder in der Klosterschule beim Beten und Klavierspielen. *Eifersucht spricht aus seinem Groll.* Ich hab dir ja schon gesagt, ihre Erinnerungen sind mit Vorsicht zu genießen. Ihr ach so »wunderbares« Elternhaus war eigentlich stinknormal. Ihr Vater war nicht der tolle, spendable, noble irische Gentleman, als den sie ihn immer hinstellt. Er war ein sehr netter Mann, ein guter Gesellschafter und ein guter Erzähler. Wir mochten uns. Er war auch recht wohlhabend geworden mit seinem Lebensmittelgroßhandel, ein wirklich tüchtiger Mann. Aber er hatte eine Schwäche. Mir wirft sie meine Trinkerei vor, aber dass er auch getrunken hat, das vergisst sie. Er hat zwar erst mit 40 angefangen, aber dann hat er das Versäumte gründlich nachgeholt. Der hat immer nur Champagner getrunken, und das sind die

ganz üblen Kunden. Damit hat er immer mächtig angegeben, dass er nur Champagner trinkt. Der hat ihn dann auch bald erledigt – der und die Schwindsucht – *Er schweigt und sieht Edmund schuldbewusst an.*

EDMUND *sarkastisch* Irgendwie gelingt's uns nicht, die unangenehmen Themen zu meiden, was?

TYRONE *seufzt traurig* Nein. *Dann mit einem jämmerlichen Versuch, fröhlich zu sein* Wie wär's mit einer Partie Rommé, Junge?

EDMUND Von mir aus.

TYRONE *mischt unbeholfen die Karten* Abschließen und ins Bett gehen können wir sowieso erst, wenn Jamie mit der letzten Straßenbahn eingetrudelt ist – was hoffentlich nicht passiert – und nach oben will sowieso ich erst, wenn sie schläft.

EDMUND Geht mir genauso.

TYRONE *mischt ungeschickt die Karten und vergisst, sie zu geben* Also, wie gesagt, ihre Geschichten aus der Vergangenheit sind mit Vorsicht zu genießen. Das Klavierspiel und ihr Traum, Konzertpianistin zu werden, diese Flausen haben ihr die Nonnen in den Kopf gesetzt, um ihr schön zu tun. Sie war ihr Liebling, weil sie so fromm war. Aber wie's in der wirklichen Welt zugeht, davon haben diese Unschuldslämmer natürlich keine Ahnung. Sie wissen einfach nicht, dass es unter einer Million viel versprechender Talente kaum einer bis in den Konzertsaal schafft. Für eine Schülerin hat deine Mutter wirklich nicht schlecht gespielt, aber damit ist noch lange nicht gesagt, dass sie jemals –

EDMUND *schroff* Warum gibst du nicht? Ich denke, wir spielen.

TYRONE Was? Ach so. *Er verschätzt sich beim Geben im Abstand.* Und dann diese Idee, sie hätte Nonne werden können. Das ist doch aberwitzig. Deine Mutter war eins der schönsten Mädchen, das ich je gesehen habe. Und das hat sie auch gewusst. Bei all ihrer Schüchternheit und Scheu war sie doch schelmisch und kokett. Sie war überhaupt nicht dazu geschaffen, der Welt zur entsagen. Dieser Ausbund an Gesundheit und Lebenslust, der verliebt war in die Liebe.

EDMUND Herrgott, Papa. Jetzt nimm doch endlich dein Blatt in die Hand!

TYRONE *tut es – stumpf* Na schön, mal sehen, was wir da haben.
Sie starren blind in ihre Karten. Dann schrecken beide zusammen. Tyrone flüstert.
Horch!
EDMUND Sie kommt runter.
TYRONE *hastig* Komm, wir spielen weiter. Wenn wir sie nicht beachten, geht sie bald wieder rauf.
EDMUND *schaut durch den Salon – erleichtert* Nichts zu sehen. Sie muss auf der Treppe wieder umgekehrt sein.
TYRONE Gott sei Dank.
EDMUND Ja. In ihrem jetzigen Zustand ist sie ein schrecklicher Anblick. *Bitter und unglücklich* Am schlimmsten ist die blanke Wand, die sie um sich errichtet. Eigentlich ist es eher eine Nebelbank, in der sie sich verbirgt und verirrt. Absichtlich, das ist das Furchtbare! Irgendetwas in ihr tut es absichtlich – um uns zu entkommen, um uns los zu sein, um zu vergessen, dass es uns gibt! Als würde sie uns hassen, obwohl sie uns liebt!
TYRONE *mit sanftem Protest* Jetzt mach aber mal halblang, Junge. Das kommt doch nicht aus ihr selbst. Das kommt von dem verfluchten Gift.
EDMUND *bitter* Aber sie nimmt das Zeug zu diesem Zweck. Diesmal jedenfalls, das weiß ich! *Unvermittelt* Ich komm raus, ja? Da! *Er spielt eine Karte aus.*
TYRONE *spielt automatisch – mit sanftem Vorwurf* Sie macht sich schreckliche Sorgen wegen deiner Krankheit, auch wenn sie sich das nicht anmerken lässt. Geh nicht zu hart mit ihr ins Gericht, Junge. Denk dran, sie ist nicht zurechnungsfähig. Wenn das Dreckzeug einmal Macht über jemand gewonnen hat –
EDMUND *Seine Miene verhärtet sich, und er sieht seinen Vater bitteranklagend an.* Es hätte nie Macht über sie gewinnen dürfen! Ich weiß verdammt gut, dass sie keine Schuld trifft! Und ich weiß auch, wer schuld ist. Du! Du und dein gottverfluchter Geiz! Wenn du damals das Geld für einen anständigen Arzt ausgegeben hättest, als sie nach meiner Geburt so krank wurde, dann wüsste sie bis heute nicht, was Morphium ist! Stattdessen hast du sie irgendeinem Kurpfuscher anvertraut, dem es peinlich war, dass er keine Ah-

nung hatte, und der sich elegant aus der Affäre gezogen hat, ohne sich einen Dreck darum zu scheren, welche Folgen seine Behandlung für sie haben könnte. Und alles bloß, weil er billig war. Günstig, wie du immer sagst!

TYRONE *tief getroffen – wütend* Halt den Mund! Du weißt doch gar nicht, wovon du redest! *Ringt um seine Beherrschung* Versuch doch auch mal meine Seite zu sehen, Junge. Woher hätte ich denn wissen sollen, dass er als Arzt nichts taugt? Er hatte einen guten Ruf –

EDMUND Bei den Saufköppen an der Hotelbar, wahrscheinlich!

TYRONE Das ist eine Lüge! Ich habe den Hotelbesitzer gebeten, mir den besten zu empfehlen –

EDMUND Ja! Und ihm gleichzeitig mit deiner Arie vom Armenhaus klargemacht, dass du einen billigen willst! Ich kenn doch deine Taktik. Spätestens seit heute Nachmittag!

TYRONE *verteidigt sich schuldbewusst* Was war heute Nachmittag?

EDMUND Darum geht's jetzt nicht. Jetzt reden wir über Mama! Und ich sag dir, auch wenn du dich noch so geschickt rausredest, du weißt genau, dass ganz allein dein Geiz schuld ist –

TYRONE Und ich sag dir, du lügst! Du hältst jetzt sofort den Mund, sonst –

EDMUND *überhört das* Und als du rausgefunden hast, dass sie zur Morphinistin geworden war, warum hast du sie dann nicht sofort auf eine Entziehungskur geschickt, gleich am Anfang, als sie noch eine Chance hatte? Aber nein, das hätte ja Geld gekostet! Ich wette, du hast ihr gesagt, mit ein klein wenig Willenskraft würde sie es schon schaffen! Das glaubst du doch insgeheim immer noch, ganz egal was dir die Ärzte gesagt haben, die sich wirklich damit auskennen!

TYRONE Die nächste Lüge! Heute bin ich natürlich auch klüger! Aber wie hätte ich das damals wissen können? Woher hätte ich mich mit Morphium auskennen sollen? Es hat Jahre gedauert, bis ich dahinter gekommen bin, was mit ihr nicht stimmt. Ich hab einfach geglaubt, sie hätte ihre Krankheit eben noch nicht ganz überwunden. Warum ich sie nicht auf eine Entziehungskur geschickt habe, fragst du? *Bitter* Habe ich das etwa nicht? Zigtausende habe ich für Entziehungskuren ausgegeben! Pure Geldverschwendung. Und was hat es ihr genutzt? Sie ist jedes Mal wieder rückfällig geworden.

EDMUND Weil du ihr nie etwas geboten hast, das ihr geholfen hätte, davon loszukommen! Sie hat kein richtiges Zuhause, nur diese Bruchbude von einem Sommerhaus in diesem Kaff, das sie hasst. Und du wolltest nicht einmal das Geld ausgeben, um den miesen Schuppen hier einigermaßen anständig herrichten zu lassen. Gleichzeitig hast du ein Grundstück nach dem anderen gekauft und bist jedem Bauernfänger aufgesessen, der dir eine Goldgrube, eine Silbermine oder sonst irgendein tolles Geschäft aufschwatzen wollte! Auf jede Tournee hast du sie mitgeschleppt, Spielzeit um Spielzeit, jeden Tag in einer anderen Stadt, wo sie niemand hatte, mit dem sie reden konnte, und wo sie jede Nacht in dreckigen Hotelzimmern auf dich gewartet hat, bis du, nachdem auch noch die letzte Kneipe dichtgemacht hatte, besoffen angetorkelt kamst. Und da wunderst du dich, dass sie keine Lust auf eine erfolgreiche Entziehungskur hatte? Herrgott, wenn ich bloß daran denke, kriege ich schon einen Hass auf dich!

TYRONE *getroffen* Edmund! *Dann zornig* Was fällt dir ein, so mit deinem Vater zu reden, du unverschämter Bengel! Nach allem, was ich für dich getan habe.

EDMUND Was du für mich tust! Auf das Thema kommen wir gleich noch!

TYRONE *wieder schuldbewusst – überhört dies* Hör endlich auf, die irrsinnigen Vorwürfe deiner Mutter nachzuplappern, auf die sie nur verfällt, wenn sie voll von dem Zeug ist. Ich habe sie nie gegen ihren Willen auf eine Tournee mitgeschleppt. Natürlich wollte ich sie bei mir haben. Ich liebte sie doch. Und weil sie mich liebte und bei mir sein wollte, hat sie mich begleitet. Das ist die Wahrheit, egal, was sie sagt, wenn sie nicht bei sich ist. Und wenn sie sich einsam gefühlt hat, dann lag das an ihr. Es waren doch immer genug Leute von meiner Truppe da, mit denen sie sich hätte unterhalten können, wenn sie das wirklich gewollt hätte. Außerdem hatte sie ja ihre Kinder dabei. Und ungeachtet der Kosten, habe ich darauf bestanden, dass auch noch ein Kindermädchen mit uns reist.

EDMUND *bitter* Ja, da warst du einmal großzügig. Und zwar aus Eifersucht, sie könnte sich zu viel mit uns beschäftigen. Außerdem wolltest du uns vom Hals haben! Das war auch ein Fehler! Wenn sie sich alleine um mich hätte kümmern müssen, wäre das eine echte Aufgabe für sie gewesen, und so hätte sie es vielleicht geschafft –

TYRONE *rachsüchtig geworden* Na schön, wenn du darauf bestehst, die Dinge danach zu beurteilen, was sie sagt, wenn sie unzurechnungsfähig ist, bitte sehr: Wenn du nicht geboren wärst, dann hätte sie auch nie – *Er schweigt beschämt.*

EDMUND *plötzlich ermattet und unglücklich* Klar. Ich weiß, dass sie so denkt, Papa.

TYRONE *beteuert reumütig* Nein! Das tut sie nicht! Sie liebt dich so sehr, wie eine Mutter ihr Kind nur lieben kann! Ich hab das doch bloß gesagt, weil es mich maßlos aufregt, wenn du in der Vergangenheit wühlst und mir dann noch sagst, dass du mich hasst –

EDMUND *matt* War nicht so gemeint, Papa. *Er lächelt plötzlich. Angetrunken scherzhaft* Es geht mir wie Mama. Ich mag dich eben doch, trotz allem.

TYRONE *grinst etwas betrunken zurück* Danke gleichfalls. Als Sohn bist du auch nicht gerade ein Hauptgewinn. Da gilt eher: »Klein aber mein.«

Beide kichern aus echter, wenn auch nicht mehr ganz nüchterner Zuneigung. Tyrone wechselt das Thema.

Was ist mit unserem Spiel? Wer kommt raus?

EDMUND Immer der, der fragt.

Tyrone spielt eine Karte aus, die Edmund nimmt. Dann gerät das Spiel wieder in Vergessenheit.

TYRONE Du darfst dich von den schlechten Nachrichten heute Nachmittag nicht so deprimieren lassen, Junge. Beide Ärzte haben mir in die Hand versprochen, dass du in sechs Monaten, höchstens in einem Jahr kuriert bist, wenn du in diesem Sanatorium strikt die Anordnungen befolgst.

EDMUND *mit verhärteter Miene* Mach mir doch nichts vor. Das glaubst du doch selbst nicht.

TYRONE *übertrieben nachdrücklich* Natürlich glaube ich das! Warum sollte ich es nicht glauben? Doktor Hardy und der Lungenspezialist haben übereinstimmend –

EDMUND Du glaubst, ich muss sterben.

TYRONE Das ist nicht wahr! Du spinnst ja!

EDMUND *noch bitterer* Wozu also noch Geld verschwenden? Darum schickst du mich ja auch in eine Staatliche Heilanstalt –

TYRONE *schuldbewusst verwirrt* Staatliche Heilanstalt? Wie kommst du denn darauf? Du sollst ins Hilltown Sanatorium, mehr weiß ich nicht, und nach Ansicht beider Ärzte ist das das Beste für dich.

EDMUND *ätzend* Weil es nichts oder so gut wie nichts kostet. Lüg nicht, Papa! Du weißt ganz genau, dass das Hilltown Sanatorium eine Staatliche Einrichtung ist! Jamie hat gleich gerochen, dass du Hardy deine Armenhaus-Arie vorgejammert hast, und er hat ihm die Wahrheit aus der Nase gezogen.

TYRONE *wütend* Der versoffene Strolch! Den schmeiß ich hochkant raus! Seit du ihm zuhören kannst, hetzt der dich gegen mich auf!

EDMUND Stimmt es etwa nicht, dass es eine Staatliche Heilanstalt ist?

TYRONE Es stimmt nicht. Es ist nicht so, wie du denkst! Sie wird vom Staat betrieben, na und? Das ist doch kein Nachteil. Der Staat hat doch eher die Mittel, so etwas richtig zu betreiben, als ein Privatsanatorium. Und wieso sollte ich das nicht ausnutzen? Das ist mein gutes Recht – und deines auch. Wir haben hier einen festen Wohnsitz. Ich bin Hausbesitzer! Ich trage zur Finanzierung dieses Sanatoriums bei. Ich zahle mörderisch viel Steuern –

EDMUND *mit bitterer Ironie* Ja, für Grundbesitz im geschätzten Wert von einer Viertelmillion.

TYRONE Alles Lügen! Nichts wie Hypotheken!

EDMUND Hardy und dieser Spezialist sind über deine Vermögensverhältnisse ziemlich genau im Bild. Was die wohl von dir gedacht haben, als du gebarmt und ihnen zu verstehen gegeben hast, dass du für mich die staatliche Fürsorge in Anspruch nehmen willst!

TYRONE Lügen! Ich habe ihnen bloß gesagt, ich könnte mir keine Luxusklinik leisten. Das ist die Wahrheit!

EDMUND Und gleich anschließend hast du dich mit McGuire im Club getroffen und dir das nächste Pleitegrundstück andrehen lassen!

Als Tyrone leugnen will Lüg doch nicht! Wir haben McGuire nämlich in der Hotelbar getroffen, da kam er gerade von dir. Jamie hat ihn damit aufgezogen, er hätte dich wohl mal wieder angeschmiert, und McGuire hat uns zugezwinkert und gefeixt!
TYRONE *lügt hilflos* Wenn er das gesagt hat, dann lügt er –
EDMUND Lüg jetzt nicht! *Zunehmend heftig* Herrgott, Papa, seit ich zur See gefahren bin und allein meinen Mann stehen musste, weiß ich, wie hart man für ein paar Dollar schuften muss. Und was es heißt, pleite zu sein, nichts zu beißen zu haben und auf einer Parkbank zu nächtigen, weil man keine Bleibe hat. Ich wollte fair sein, weil ich wusste, was du als Kind alles durchgemacht hast. Ich habe versucht, verständnisvoll und tolerant zu sein. Mein Gott, wenn man in dieser Familie nicht tolerant ist, dreht man doch durch! Für den Mist, den ich selber gebaut habe, habe ich auch versucht Verständnis aufzubringen! Ich wollte mir wie Mama einreden, dass du eben nicht aus deiner Haut kannst, wenn's um Geld geht. Aber diese letzte Schote, die du dir jetzt geleistet hast, das geht zu weit! Da kriege ich das große Kotzen! Nicht weil du mich mies behandelst! Da scheiß ich drauf! Ich hab dich auch schon oft genug mies behandelt, mehr als einmal. Aber dass du es fertig bringst, vor der ganzen Stadt den miesen alten Geizkragen rauszuhängen, wenn dein Sohn die Schwindsucht hat! Ist dir denn nicht klar, dass Hardy die Geschichte in der ganzen Stadt breittreten wird? Mein Gott, Papa, hast du denn gar keinen Stolz, schämst du dich nicht? *Mit einem Wutausbruch* Bilde dir bloß nicht ein, dass du damit durchkommst! Ich geh in keine beschissene Staatliche Heilanstalt, bloß damit du ein paar lumpige Dollar sparst, um dir davon das nächste Pleitegrundstück zu krallen! Du widerlicher alter Geizhals –!
Seine Stimme erstickt vor Zorn. Er wird von einem Hustenanfall geschüttelt. Tyrone ist bei diesem Angriff in seinem Sessel zurückgewichen, sein schlechtes Gewissen überwiegt seine Wut.
TYRONE *stammelt* Sei still! Red nicht in diesem Ton mit mir! Du bist betrunken! Ich hör gar nicht hin, was du sagst. Huste nicht so, Junge. Du regst dich ganz umsonst auf. Wer sagt denn, dass du in dieses Hilltown Sanatorium musst? Du kannst hin, wo du willst. Ganz egal, was es kostet. Für mich zählt nur, dass du wieder gesund

wirst. Ich bin doch kein mieser Geizkragen, bloß weil ich nicht scharf drauf bin, bei den Ärzten als Millionär zu gelten, den sie ausnehmen können.
Edmund hustet nicht mehr. Er wirkt krank und schwach. Sein Vater sieht ihn erschrocken an.
Du siehst erschöpft aus, Junge. Du brauchst eine kleine Stärkung.
EDMUND *schnappt sich die Flasche und gießt sich das Glas randvoll – ermattet* Danke. *Er stürzt den Whisky gierig herunter.*
Tyrone gießt sich den Rest aus der Flasche ein, ein großes Glas voll, und trinkt es aus. Sein Kopf sackt leicht nach vorn, und er starrt stumpf die Karten auf dem Tisch an.
TYRONE *vage* Wer kommt raus? *Er redet dumpf, ohne Vorwurf weiter.* Ein widerlicher alter Geizhals. Na ja, vielleicht hast du Recht. Vielleicht bin ich das, obwohl ich mein Leben lang am Tresen eine Lokalrunde nach der anderen geschmissen und Geld an Schnorrer verliehen habe, von denen ich genau wusste, dass sie es mir nie zurückzahlen. *Mit spöttischer Selbstverachtung* Aber natürlich nur in den Bars, wenn ich betrunken war. Wenn ich nüchtern und zu Hause bin, denke ich anders. Zu Hause als Kind habe ich den Wert eines Dollars kennen gelernt und auch die Angst vor dem Armenhaus. Seitdem konnte ich nie mehr auf mein Glück vertrauen. Ich habe ständig unter der Angst gelitten, es könnte alles schief gehen und ich stünde auf einmal wieder mit leeren Händen da. Trotzdem fühlt man sich irgendwie sicherer, je mehr Grundbesitz man hat. Das klingt vielleicht nicht ganz logisch, aber so empfinde ich nun mal. Banken machen Bankrott, und dein Geld ist futsch, aber der eigene Grund und Boden unter den Füßen, der bleibt einem. Bildet man sich zumindest ein. *Unvermittelt wird sein Ton verächtlich und herablassend.* Du sagst, du weißt, was ich als Junge durchgemacht habe. Einen Dreck weißt du! Woher auch! Du hast doch immer alles gehabt – Kindermädchen, Schulen, dein Studium, aber das hast du ja abgebrochen. Essen, Kleidung, für alles war gesorgt. Ja, ja, ich weiß, du hast auch mal eine Zeit lang in der Fremde geschuftet und gebuckelt, ohne ein Dach über dem Kopf und ohne einen Penny in der Tasche, und das rechne ich dir hoch an. Aber für dich war es bloß ein romantisches Abenteuer. Nur ein Spiel.

EDMUND *mit dumpfem Sarkasmus* Ja, vor allem, als ich mich bei »Jimmie the Priest's« umbringen wollte. Beinah hätte ich's auch geschafft.

TYRONE Da warst du nicht zurechnungsfähig. Kein Sohn von mir würde so was jemals versuchen – du warst betrunken.

EDMUND Ich war stocknüchtern. Das war das Problem. Ich hatte einfach zu lange nachgedacht.

TYRONE *betrunken-übellaunig* Hör bloß auf mit deinem elenden, atheistischen, morbiden Dreck! Ich will das nicht hören! Ich wollte dir gerade erklären – *Verächtlich* Woher willst du denn wissen, was ein Dollar wert ist? Als ich zehn Jahre alt war, hat mein Vater meine Mutter sitzen lassen und ist zurück nach Irland, weil er dort sterben wollte. Und da hat's ihn dann auch bald erwischt. Geschah ihm ganz recht. Hoffentlich schmort er in der Hölle. Er hatte aus Versehen Rattengift statt Mehl oder Zucker genommen. Man munkelte, es wäre kein Versehen gewesen. Aber das ist gelogen. In meiner Familie hat sich noch keiner –

EDMUND Jede Wette, das war kein Versehen.

TYRONE Schon wieder so ein morbider Quatsch! Den hat dir dein Bruder in den Kopf gesetzt. Er nimmt immer das Schlimmste an. Und das hält er dann für die Wahrheit. Aber egal. Meine Mutter saß also alleine da, eine Fremde in einem fremden Land, mit vier kleinen Kindern. Außer mir gab es noch eine etwas ältere und zwei jüngere Schwestern. Meine zwei älteren Brüder waren fortgezogen. Die konnten uns nicht helfen. Die mussten sich irgendwie selber durchschlagen. Romantisch war da wirklich nichts an unserer Armut. Zweimal wurde die miese Bruchbude, die wir unser Zuhause nannten, zwangsgeräumt. Die paar armseligen Möbel meiner Mutter landeten auf der Straße, und meine Mutter und meine Schwestern standen daneben und haben geheult. Ich habe auch geheult, obwohl ich meine Tränen unterdrücken wollte, denn ich war ja der Mann im Haus. Mit zehn! Die Schule konnte ich abschreiben. Ich habe zwölf Stunden am Tag in einer Werkstatt gearbeitet und gelernt, wie man Feilen herstellt. In einem dreckigen Schuppen, wo es zum Dach reinregnete, im Sommer wurde man geröstet, im Winter gab's keinen Ofen, und vor Kälte sind einem fast die Hände abgestorben. Licht kam nur durch zwei winzige, verschmierte Fenster, und an trüben Tagen musste ich mich beim Arbeiten so weit vorbeugen, dass ich mit der Nase fast an die Feilen gestoßen bin! Und da willst du mir erzählen, du hättest auch mal gearbeitet! Und was glaubst du, habe ich dafür bekommen? Fünfzig Cent die Woche! Das ist die Wahrheit! Fünfzig Cent die Woche! Und meine arme Mutter hat tagsüber für die Yankees gewaschen und gescheuert, meine ältere Schwester hat genäht, und die zwei jüngeren haben daheim den Haushalt erledigt. Wir hatten nie genug zum Anziehen und zum Essen. Ich weiß noch, einmal am Erntedankfest oder vielleicht war's Weihnachten, da bekam meine Mutter von dem Yankee, bei dem sie putzen ging, einen Dollar geschenkt, und auf dem Heimweg hat sie davon lauter Lebensmittel gekauft. Ich erinnere mich noch genau, wie sie uns umarmt und geküsst hat und mit Freudentränen im erschöpften Gesicht sagte: »Gelobt sei Gott, denn jetzt können wir uns einmal in unserem Leben alle satt essen!« *Er wischt sich die Tränen aus den Augen.* Eine wunderbare, tapfere, herzensgute Frau. So tapfer und herzensgut wie keine Zweite.

EDMUND *bewegt* Ja, das muss sie wohl gewesen sein.

TYRONE Nur vor einem hatte sie Angst, alt und krank zu werden und im Armenhaus sterben zu müssen. *Er schweigt. Dann mit grimmigem Humor* So bin ich zum Geizhals geworden. Damals war ein Dollar so viel wert. Und eine Lektion, die man einmal gründlich gelernt hat, die vergisst man nicht so leicht. Man hält immer Ausschau nach einem günstigen Angebot. Und wenn ich dieses Staatliche Heilsanatorium für eine günstige Gelegenheit gehalten habe, dann musst du mir das verzeihen. Die Ärzte haben sie mir wirklich als gute Adresse empfohlen. Das musst du mir glauben, Edmund. Und ich schwöre dir, dass ich dich nie gegen deinen Willen dort hinschicken wollte. *Heftig* Du kannst dir aussuchen, wo du hin willst! Der Preis spielt keine Rolle! Jedes Sanatorium, das ich mir leisten kann. Jedes Sanatorium – solange es in einem vernünftigen Rahmen bleibt.

Bei dieser Einschränkung huscht ein Lächeln über Edmunds Gesicht. Sein Groll ist verflogen. Sein Vater fährt betont ungezwungen, beiläufig fort.

Der Lungenspezialist hat mir übrigens noch ein anderes Sanatorium empfohlen. Es hätte einen ganz ausgezeichneten Ruf. Eine Gruppe von schwerreichen Fabrikbesitzern hat es gestiftet, hauptsächlich für ihre Arbeiter, aber du bist auch berechtigt, weil du hier einen festen Wohnsitz hast. Da steht so viel Geld im Hintergrund, dass sie von den Patienten kaum etwas verlangen müssen. Nur sieben Dollar pro Woche, aber die Leistungen, die du geboten kriegst, sind zehnmal mehr wert. *Hastig* Ich will dich zu nichts überreden, verstehst du. Ich wiederhole nur, was man mir gesagt hat.
EDMUND *verbirgt sein Lächeln – beiläufig* Na, klar doch. Klingt wirklich günstig. Da möchte ich hin. Das können wir also abhaken. *Plötzlich wieder unglücklich und verzweifelt-dumpf* Kommt ja sowieso nicht mehr drauf an. Vergessen wir's! *Wechselt das Thema* Was ist mit unserem Spiel? Wer kommt raus?
TYRONE *automatisch* Keine Ahnung. Ich, glaube ich. Nein, du.
Edmund spielt eine Karte aus. Sein Vater nimmt sie. Er will ausspielen, vergisst es aber wieder.
Ja, vielleicht hat mir das Leben diese Lektion zu sehr eingebläut, und das Geld ist mir zu wichtig geworden. Und irgendwann ist daran meine Karriere als großer Schauspieler gescheitert. *Traurig* Ich habe das vorher noch nie zugegeben, Junge, aber heute Abend bin ich so verzweifelt und am Ende, was sollen da noch der falsche Stolz und die Verstellung. Die Rechte für dieses gottverfluchte Stück hab ich spottbillig bekommen, und es wurde durch mich zum Renner – ein riesiger finanzieller Erfolg. Zugleich war es mein Ruin, weil ich so leicht ein Vermögen damit machen konnte. Ich wollte nichts anderes mehr spielen, und als mir dann endlich klar wurde, dass ich zum Sklaven dieser verfluchten Rolle geworden war und wieder andere Stücke spielen wollte, da war es zu spät. Das Publikum hatte mich mit dieser einen Rolle identifiziert und wollte mich in keiner anderen mehr sehen. Und die Leute hatten Recht. Ich hatte mein großes Talent durch das jahrelange, bequeme Ensuite-Spielen vertan. Ich musste nie mehr eine neue Rolle lernen, nie mehr wirklich hart arbeiten. Fünfunddreißig- bis vierzigtausend Dollar Reingewinn pro Spielzeit wie im Handumdrehen verdient. Die Versuchung war einfach zu groß. Bevor ich das ver-

fluchte Stück gekauft habe, galt ich als einer der drei oder vier viel versprechendsten Nachwuchsschauspieler Amerikas. Ich habe wie besessen an mir gearbeitet. Ich hatte meine gute Stelle als Maschinenschlosser aufgegeben, um Statistenrollen zu spielen, weil ich das Theater liebte. Ich war wahnsinnig ehrgeizig. Ich habe bergeweise Stücke gelesen und Shakespeare studiert, wie andere Leute die Bibel. Ich habe mich weitergebildet und mir meinen haarsträubenden irischen Akzent abgewöhnt. Shakespeare war für mich der Größte. Ich hätte in jedem seiner Stücke ohne Gage mitgespielt, aus purer Begeisterung für seine großartige Dichtersprache. Und ich habe ihn gut gespielt. Er hat mich inspiriert. Ich hätte ein großer Shakespeare-Darsteller werden können, wenn ich dabeigeblieben wäre. Das weiß ich! 1874 kam Edwin Booth als Gast an das Theater in Chicago, wo ich als Hauptdarsteller engagiert war. Einen Abend habe ich den Cassius gespielt und er den Brutus, am nächsten Abend ich den Brutus und er den Cassius, dann ich den Othello und er den Jago, und so weiter. An dem Abend, als ich das erste Mal den Othello spielte, hat er zu unserem Theaterdirektor gesagt: »So gut wie dieser junge Mann habe ich den Othello nie gespielt!« *Stolz* Das aus dem Mund von Booth, dem größten Schauspieler seiner Zeit, wenn nicht aller Zeiten! Und es hat gestimmt! Und ich war erst 27! Wenn ich jetzt zurückblicke, war dieser Abend der Höhepunkt meiner Karriere. Ich hatte vom Leben bekommen, was ich von ihm haben wollte! Und eine Zeit lang hat mich mein Ehrgeiz noch weiter nach oben getrieben. Ich heiratete deine Mutter. Frag sie, wie ich damals war. Ihre Liebe hat meinen Ehrgeiz noch beflügelt. Aber ein paar Jahre später tat ich dann meinen bedauerlichen Glücksgriff und entdeckte diese Goldgrube. Anfangs hab ich das gar nicht so gesehen. Für mich war es nur eine große romantische Heldenrolle, von der ich wusste, dass ich sie besser spielen konnte als irgendwer sonst. Aber es wurde gleich von Anfang ein großer Kassenschlager – und da hatte das Leben dann mich, wo es mich haben wollte – fünfunddreißig bis vierzigtausend Dollar Reingewinn pro Spielzeit! Das war zu der Zeit ein Vermögen und wäre es heute auch noch. *Bitter* Was wollte ich mir damals bloß kaufen? Was war mir denn mehr wert, als – Na, egal.

Vorbei ist vorbei. *Er schaut flüchtig in die Karten.* Ich komm raus, ja?

EDMUND *bewegt, blickt seinen Vater verständnisvoll an – langsam* Ich bin froh, dass du mir das erzählt hast, Papa. Jetzt verstehe ich dich viel besser.

TYRONE *mit einem schiefen Lächeln* Vielleicht hätte ich es dir doch nicht erzählen sollen. Vielleicht verachtest du mich jetzt noch mehr als vorher. Und vom Wert eines Dollars wird es dich vermutlich auch nicht überzeugen. *Der Satz löst eine Assoziation in ihm aus, und er schaut missbilligend hoch zum Kronleuchter.* Das viele Licht blendet mich. Stört's dich, wenn ich die Birnen ausknipse? Wir brauchen sie ja nicht, und das Elektrizitätswerk ist schon reich genug.

EDMUND *unterdrückt einen Lachanfall – freundlich* Mach nur. Knips sie aus.

TYRONE *kommt schwerfällig und etwas schwankend auf die Füße und greift unsicher nach den Birnen; sein voriger Gedanke kommt ihm wieder in den Sinn.* Nein, ich komm nicht drauf, was ich mir dafür kaufen wollte. *Er knipst eine Birne aus.* Ich schwör's dir, Edmund, liebend gern würde ich auf jeden Fußbreit Grundbesitz und jeden Cent auf der Bank verzichten – *Er knipst die zweite Birne aus.* Mit Freuden würde ich im Alter ins Armenhaus gehen, wenn ich mir heute sagen könnte: Du bist der große Schauspieler geworden, zu dem du einmal das Zeug hattest.

Er knipst die dritte Birne aus. Nur die Leselampe brennt noch. Er lässt sich schwer in den Sessel sinken. Edmund kann sich plötzlich nicht mehr beherrschen und bricht in japsendes, ironisches Gelächter aus. Tyrone ist beleidigt.

Was gibt's denn da zu lachen?

EDMUND Ich lache doch nicht über dich, Papa. Sondern über das Leben. Über seinen Aberwitz.

TYRONE *murrt* Schon wieder dieser morbide Unsinn! Das Leben ist ganz in Ordnung so, wie es ist. Es liegt an uns – *Rezitiert* »Nicht durch die Schuld der Sterne, lieber Brutus, durch eigene Schuld nur sind wir Schwächlinge«. *Er schweigt. Dann traurig* Die Lobesworte, die Edwin Booth für meinen Othello fand. Ich hab's mir

vom Theaterdirektor Wort für Wort aufschreiben lassen. Der Zettel hat jahrelang in meiner Brieftasche gesteckt. Ich hab ihn ab und zu gelesen, bis er mich schließlich so deprimiert hat, dass ich ihn nicht mehr sehen wollte. Wo ist er bloß hingekommen? Er muss hier noch irgendwo im Haus sein. Ich weiß noch, dass ich ihn sorgfältig aufgehoben habe –
EDMUND *mit ironisch gebrochener Trauer in der Stimme* Vielleicht in einer alten Truhe auf dem Dachboden, zusammen mit Mamas Brautkleid. *Dann rasch, als er den Blick seines Vater bemerkt* Was ist? Spielen wir jetzt oder nicht?
Er nimmt die Karte, die sein Vater abgelegt hat, und spielt aus. Eine Zeit lang führen sie die Partie wie zwei Schachautomaten fort. Tyrone unterbricht sie plötzlich und horcht auf ein Geräusch von oben.
TYRONE Sie geistert immer noch herum. Weiß der Himmel, wann sie endlich schlafen geht.
EDMUND *eindringlich* Herrgott, Papa, vergiss es!
Er greift zur Flasche und gießt sich ein. Tyrone will erst widersprechen, lässt es dann aber. Edmund trinkt. Er stellt das Glas ab. Sein Gesichtsausdruck verändert sich. Er spricht jetzt so, als würde er seinem Rausch jetzt absichtlich freien Lauf lassen und die Rührseligkeit als Maske benutzen.
Ja, da wandert sie nun direkt über uns herum und ist doch ungreifbar. Ein Gespenst, das durch die Vergangenheit irrt. Und wir sitzen hier, tun so, als wollten wir vergessen, und lauschen dabei doch auf jeden Laut. Der Nebel tropft vom Dachgesims, wie das unregelmäßige Ticken einer abgelaufenen, kaputten Uhr – oder wie die trüben Tränen einer Dirne, die in eine Lache aus schalem Bier platschen! *Er lacht anerkennend und rührselig.* Gar nicht übel, der letzte Teil, was? Ist ja auch von mir, nicht von Baudelaire. Wer kann, der kann. *Dann mit betrunkener Redseligkeit* Du hast mir gerade ein paar Höhepunkte aus deinem Leben erzählt. Soll ich jetzt ein paar zum Besten geben? Sie haben alle mit dem Meer zu tun. Aufgepasst. Ich hatte auf der ›Squarehead‹ angeheuert, einem Rahsegler, Bestimmungshafen Buenos Aires. Vollmond in den Roßbreiten! Der alte Kahn machte vierzehn Knoten. Ich lag im Bug-

spriet, den Blick achteraus, unter mir schäumte das Wasser gischtig auf, über mir ragten turmhoch die Masten mit den geblähten, vom Mondlicht weißen Segeln. Und ich berauschte mich an dieser Schönheit und dem Rhythmus, und für einen Augenblick verlor ich mich selbst – ja, ich verlor mein Leben. Ich war frei. Ich löste mich auf im Meer, wurde zu den weißen Segeln und zur fliegenden Gischt, wurde Schönheit und Rhythmus, wurde Mondlicht, Schiff und der hohe, sternenübersäte Himmel! Ohne Vergangenheit oder Zukunft ging ich auf im Frieden und Einssein und einer unbändigen Lust, ging auf in etwas Größerem als meinem eigenen Leben oder dem Menschenleben an sich, ich ging auf im Leben selbst! In Gott, wenn so du möchtest. Dann ein anderes Mal auf der American Line. Im Morgengrauen auf Ausguck im Mastkorb. Diesmal war die See ruhig. Nur eine träge Dünung schaukelte schläfrig das Schiff. Die Passagiere schliefen, von der Mannschaft fehlte jede Spur. Kein menschlicher Laut war zu hören. Schwarzer Rauch quoll aus den Schornsteinen hinter und unter mir. Ich hielt nicht Ausschau, ich träumte vor mich hin, fühlte mich allein, erhoben und losgelöst und sah die Morgenröte wie einen gemalten Traum heraufsteigen über den Himmel und die See, die das Lager miteinander teilten. Und plötzlich der Augenblick ekstatischer Freiheit. Frieden, das Ende der ewigen Suche, der letzte Hafen, die Freude, einer Erfüllung teilhaftig zu sein, die alle kleinlichen, jämmerlichen, gierigen, menschlichen Ängste, Hoffnungen und Träume übersteigt! Und immer wieder in meinem Leben habe ich diese Erfahrung gemacht, wenn ich weit hinaus aufs Meer geschwommen war oder allein am Strand lag. Ich wurde zur Sonne, zum glühenden Sand, zum grünen Tang, der sich, am Fels verankert, mit den Gezeiten wiegt. Wie die Vision eines Heiligen von der Glückseligkeit. Als hätte eine unsichtbare Hand den Schleier vor den Dingen weggezogen. Für einen Augenblick sieht man klar – man sieht das Geheimnis und man ist es. Für einen Augenblick erkennt man den Sinn. Aber dann lässt die Hand den Schleier wieder fallen, und man ist allein, im Nebel verloren, und man stolpert weiter, irgendwohin, ohne zu wissen warum! *Er grinst schief.* Es war ein großer Fehler, dass ich als Mensch geboren wurde. Als Möwe oder Fisch hätte ich es weiter gebracht. So werde ich immer ein Fremder bleiben, der sich nirgends beheimatet fühlt, der im Grunde nichts will und im Grunde von niemand gewollt wird, der nirgends dazugehört, der immer ein klein wenig in den Tod verliebt sein muss!

TYRONE *schaut ihn an – beeindruckt* Ja, du hast wirklich das Zeug zu einem Dichter. *Dann unbehaglich protestierend* Aber dies Gerede von wegen »nicht gewollt werden« und »Liebe zum Tod«, das ist doch morbider Quatsch.

EDMUND *bissig* »Das Zeug zu einem Dichter«. Nein, ich bin leider nur wie der ewige Zigarettenschnorrer. Der hat nicht einmal das Zeug zum Rauchen. Der hat bloß die Angewohnheit. Ich konnte nicht in Worte kleiden, was ich dir eben erzählen wollte. Ich habe nur gestammelt. Mehr werde ich sowieso nie zuwege bringen. Wenn ich's überhaupt noch erlebe. Na ja, zumindest liefere ich dann originalgetreuen Realismus. Stammeln ist nämlich die Eloquenz, die uns Nebelleuten angeboren ist.

Pause. Vor dem Haus hört man jemand über die Eingangstreppe stolpern und hinfallen. Beide fahren erschreckt hoch. Edmund grinst.

Klingt mir ganz nach dem verlorenen Bruder. Der muss einen ziemlichen Zacken in der Krone haben.

TYRONE *finster* Dieser Rumtreiber! Hat er die letzte Straßenbahn also doch noch erwischt. So ein Pech. *Er kommt auf die Füße.* Sieh zu, dass du ihn irgendwie ins Bett schaffst, Edmund. Ich geh solang auf die Veranda. Wenn er betrunken ist, spritzt er nur noch Gift und Galle. Und dann verlier ich bloß wieder die Beherrschung.

Er geht durch die Tür auf die Seitenveranda. Die Haustür knallt hinter Jamie ins Schloss. Edmund schaut amüsiert zu, wie Jamie durch den Salon näher schwankt und dann eintritt. Er ist schwer betrunken und unsicher auf den Beinen. Sein Blick ist glasig, sein Gesicht gedunsen, seine Aussprache undeutlich, sein Mund hängt schlaff wie der seines Vaters und ist höhnisch verzogen.

JAMIE *bleibt schwankend und blinzelnd in der Tür stehen – laut* Heda! Holla!

EDMUND *scharf* Brüll hier nicht so rum!

JAMIE *blinzelt in seine Richtung* Hallo, Kleiner. *Mit großem Ernst* Ich bin voll wie ein Eimer!
EDMUND *trocken* Vielen Dank für den Hinweis.
JAMIE *grinst dümmlich* Tja. Reichlich überflüssige Durchsage, was? *Er bückt sich und klopft sich die Hosen am Knie sauber.* Böser Unfall eben. Treppe hat mir 'n Bein gestellt. Hat mir im Nebel aufgelauert. Sollten 'nen Leuchtturm aufstellen, da draußen. Hier drin isses genauso duster. *Mürrisch* Bin ich denn hier im Leichenhaus, oder was? Da wollen wir doch gleich mal etwas Licht in die Sache bringen. *Er kommt schwankend zum Tisch und deklamiert eine Kipling-Ballade.*

»Furt, Furt, Furt vom Kabul River,
Furt vom Kabul River bei Nacht,
Halt dich bloß neben den Stangen, und die zeigen dir den Weg
Durch die Furt vom Kabul River bei Nacht.«

Er fummelt am Kronleuchter herum und schafft es schließlich, die drei Birnen anzuknipsen.
Schon besser. Der alte Geizkragen kann mich mal. Wo steckt 'n unser Harpagon?
EDMUND Draußen auf der Veranda.
JAMIE Und wir solln hier drin hocken, wie im Schwarzen Loch von Kalkutta, was? *Sein Blick fällt auf die Whiskyflasche.* Ha! Bin ich etwa schon im Delirium? *Er grapscht fahrig nach der Flasche.* Mensch, die is ja echt. Was is'n heut Abend bloß mit dem Alten los? Is er schon so verkalkt, dass er die einfach hier rumstehen lässt? Flugs die Gelegenheit beim Schwanz gepackt. Mein altes Erfolgsrezept. *Er schüttet ein großes Glas voll.*
EDMUND Du bist schon sturzvoll. Das gibt dir den Rest.
JAMIE Vorlaute Sprüche. Spar dir deine Weisheiten, Kleiner. Bist ja noch nicht mal ganz trocken hinter den Ohren. *Er lässt sich vorsichtig, um nichts zu verschütten, in einen Sessel nieder.*
EDMUND Wie du meinst. Dann kippst du eben um.
JAMIE Das is ja der Mist. Ich hab mich schon schwindlig gesoffen, aber ich kipp einfach nich um. Aber noch is nich aller Tage Abend. *Er trinkt.*

EDMUND Schieb mal die Flasche rüber. Ich trink auch noch einen.

JAMIE *packt die Flasche – plötzlich mit der Fürsorge des großen Bruders* Nix da. Nicht, solang ich dabei bin. Denk dran, was der Onkel Doktor gesagt hat. Auch wenn's vielleicht allen andern egal ist, ob du draufgehst, mir is es nicht egal. Mein Brüderlein. Ich mag dich nämlich, Kleiner. Alles andere ist futsch. Ich hab nur noch dich. *Zieht die Flasche näher zu sich* Also kein Schnaps. Nur über meine Leiche. *Hinter seiner betrunkenen Rührseligkeit steckt echte Aufrichtigkeit.*

EDMUND *gereizt* Hör auf mit dem Scheiß.

JAMIE *ist verletzt, sein Gesichtsausdruck verhärtet sich* Glaubst wohl nicht, dass ich mir echt Sorgen mache, was? Alles nur besoffenes Geschwätz, ja? *Er schiebt die Flasche hinüber.* Meinetwegen. Dann bring dich eben um.

EDMUND *merkt, dass er Jamie verletzt hat – liebevoll* Klar weiß ich, dass du dir Sorgen machst, Jamie. Ich hör ja auch auf mit dem Saufen. Aber nicht heute Abend. Dafür ist der Tag heute einfach zu beschissen gelaufen. *Er gießt sich ein Glas ein.* Prost. *Er trinkt.*

JAMIE *wird für einen Moment nüchtern – mit mitleidigem Blick* Ich weiß, Kleiner. War ein ganz mieser Tag für dich. *Dann mit höhnischem Zynismus* Der alte Harpagon hat garantiert nich versucht, dich vom Saufen abzuhalten. Der schickt dir lieber noch 'ne Kiste Schnaps in die Staatliche Heilanstalt für arme Schlucker. Je eher du den Löffel abgibst, desto billiger wird's für ihn. *Mit verächtlichem Hass* Und so ein Saukerl schimpft sich Vater! Wenn du den in einem Roman auftreten lässt, glaubt dir das kein Mensch!

EDMUND *verteidigt ihn* Ach, Papa ist schon ganz in Ordnung, wenn man sich bemüht, ihn zu verstehen – und den Humor nicht verliert.

JAMIE *zynisch* Hat er mal wieder die alte Jammertour vor dir abgezogen? Du fällst ja immer noch brav drauf rein. Aber ich nicht. Nie mehr. *Dann langsam* In einer Hinsicht tut er mir schon irgendwie Leid. Das hat er sich aber auch selber zuzuschreiben, hat's ja kommen sehen. Selber schuld. *Hastig* Was soll's. *Er greift nach der Flasche und gießt sich ein. Wieder ziemlich betrunken* Der von vorhin knallt mächtig rein. Und der hier macht mich fix und fertig. Hast du's Harpagon gesteckt, dass ich's Hardy aus der Nase gezogen hab, dass dies Sanatorium so 'n Wohlfahrtsschuppen is?

EDMUND *zögernd* Ja. Ich hab ihm gesagt, dass ich da nicht hingehe. Das ist jetzt geklärt. Ich kann mir aussuchen, wo ich hin will, hat er gesagt. *Er fügt freimütig lächelnd hinzu.* Solang es im Rahmen bleibt, natürlich.

JAMIE *imitiert betrunken seinen Vater* Aber natürlich, Junge. Alles immer nur, solang es im Rahmen bleibt. *Höhnisch* Das heißt, ab in die nächste billige Klitsche. Den Harpagon in Molières »Geizigen« könnte der doch glatt ohne Kostüm und Maske spielen.

EDMUND *genervt* Ach, hör doch auf. D i e s e r Witz kommt mir schon zu den Ohren raus.

JAMIE *achselzuckend – mit schwerer Zunge* Na gut, wenn du's nich anders haben willst – dann lass ihm das durchgehen. Is ja schließlich deine Beerdigung – das heißt, hoffentlich eben nich.

EDMUND *wechselt das Thema* Was hast du denn heute Abend in der Stadt getrieben? Bei Mamie Burns reingeschaut?

JAMIE *nickt schwer betrunken* Klar doch. Wo sonst sollte ich die passende weibliche Gesellschaft finden? Und Liebe. Vergiss die Liebe nicht. Was ist ein Mann ohne die Liebe einer Frau. Eine elend taube Nuss.

EDMUND *kichert beschwipst und ergibt sich jetzt seinem Rausch* Du bist ein Spinner.

JAMIE *zitiert schwungvoll aus Oscar Wildes »Harlot House«*

»Da sprach ich zu der Liebsten mein:
›Schau hin, Gebein tanzt mit Gebein,
Staub wirbelt dort in Staubes Wüste.‹

Doch sie, sie lauschte den Schalmein
Und ließ mich stehen und ging hinein:
Die Liebe trat ins Haus der Lüste.

Da plötzlich klang die Geige schrill,
Die Tänzer, müde der Quadrille ...«

Er verstummt. Mit schwerer Zunge Stimmt nicht ganz. Wenn meine Liebste bei mir war, dann hab ich sie jedenfalls nich gesehen. Muss ein Geist gewesen sein. *Er schweigt.* Rat mal, welche Süße ich mir bei Mamie Burns angelacht hab, damit sie mir ihre weibliche Liebe angedeihen lässt. Du wirst dich schief lachen. Die dicke Dolly.

EDMUND *lacht betrunken* Im Ernst? Da hast du ja ins Volle gegriffen. Die wiegt doch mindestens fünf Zentner. Einfach so zum Scherz? Oder was?

JAMIE Kein Scherz. Ganz im Ernst. Als ich schließich in Mamies Etablissement landete, war ich todtraurig über mich und all die anderen armen verkrachten Existenzen auf der Welt. Ich musste mich dringend an einem großen weiblichen Busen ausheulen. Du kennst das ja, wenn einen der Schnaps rührselig macht. Kaum bin ich zur Tür rein, da jammert mir Mamie Burns auch schon die Ohren voll. Klagt über die miese Geschäftslage und erzählt mir, sie will die dicke Dolly rausschmeißen. Die Freier stünden nicht auf Do. Und wenn sie nicht Klavier spielen könnte, hätte sie sie sowieso schon längst vor die Tür gesetzt. Aber in letzter Zeit würde sie sich nur noch voll laufen lassen, sei zu besoffen zum Spielen und fräße ihr noch die Haare vom Kopf. Do sei zwar ein gutmütiges Dummchen und täte ihr ja auch Leid, weil sie sich partout nicht vorstellen könnte, womit die sonst ihr Geld verdienen sollte, aber Geschäft sei schließlich Geschäft, und sie könne es sich nicht leisten, dicke Nutten durchzufüttern. Na, und da hat mir die dicke Dolly eben Leid getan, und ich hab von deiner großzügigen Spende zwei Dollar investiert und bin mit ihr raufgegangen. Ohne irgendwelche unehrenhaften Hintergedanken. Ich steh ja auf Dicke, aber was zu viel ist, ist zu viel. Ich wollte mich mit ihr nur mal frei von der Leber weg über den unendlichen Jammer des Daseins unterhalten.

EDMUND *kichert betrunken* Arme Do! Und dann hast du sie garantiert mit Kipling und Swinburne und Dowson malträtiert und »Auf meine Art, Cynara, hab Treu ich dir gehalten«, zitiert.

JAMIE *grinst schlaff* Aber immer – und der Schnaps hat dazu die Geigen wimmern lassen. Eine Weile hat sie's ertragen. Dann ist sie stinksauer geworden. Hat sich dummerweise eingebildet, ich sei nur mit ihr raufgegangen, um sie zu verarschen. Hat mich mächtig zusammengestaucht und gemeint, sie wär immer noch besser wie so 'n betrunkener Penner, der Gedichte aufsagt. Dann hat sie geheult. Also musste ich ihr natürlich sagen, dass sie mir besonders gefällt, weil sie so dick ist, und das hat sie mir natürlich gern geglaubt, und zum Beweis bin ich dann noch dageblieben, und das hat sie aufgemuntert, und zum Abschied hat sie mich geküsst und gesagt, sie hätte sich total in mich verknallt, und dann haben wir im Flur noch ein bisschen gemeinsam geflennt, und alles war bestens, außer dass Mamie Burns gedacht hat, jetzt sei ich endgültig reif für die Klapsmühle.

EDMUND *zitiert höhnisch*

»Dieb, Prolet,
Kokotte, wie oft seid ihr bereit, mir zu verleihen
Die Freuden, davon die dumpfe Herde nichts versteht.«

JAMIE *nickt betrunken* Aber genau! Hab mich prächtig amüsiert. Hättest in meinem Kielwasser bleiben sollen, Kleiner. Mamie Burns hat sich nach dir erkundigt. Tut ihr Leid, dass du so krank bist. War sogar ernst gemeint. *Er schweigt – dann gefühlsselig wie ein Schmierenkomödiant.* Diese Nacht hat mir die Augen geöffnet für die glänzende Karriere, die meiner harrt, mein Junge! Ich werde die hehre Schauspielkunst wieder jenen Geschöpfen überlassen, die sie am vollendetsten verkörpern: den dressierten Seehunden. Indem ich meine natürlichen, gottgegebenen Talente auf dem entsprechenden Gebiet einsetze, werde ich den Gipfel des Erfolgs erklimmen! Als Beschäler der dicksten Frau der Welt im Zirkus Barnum und Bailey!
Edmund lacht. Jamies Stimmung schlägt um in höhnische Arroganz.
Pah! So tief bin ich also schon gesunken, dass ich mich in einem Provinzpuff mit dieser Dicken abgebe! Ich! Dem die tollsten Weiber vom Broadway zu Füßen gelegen haben! *Er zitiert aus Kiplings »Sestina of the Tramp-Royal«.*

»Ganz allgemein, ich hab sie alle probiert –
die fröhlichen Straßen, die einen um die Welt bringen.«

Betrunken melancholisch Trifft's nicht ganz. Fröhliche Straßen ist Quatsch. Muss heißen: beschwerliche Straßen. Bringen einen auf die Schnelle nirgendwohin. Da bin ich jetzt gelandet – nirgendwo. Wo zum Schluss alle landen, auch wenn's die meisten Schwachköpfe nicht wahrhaben wollen.

EDMUND *verächtlich höhnisch* Sei bloß still. Sonst fängst du noch an zu heulen.

JAMIE *fährt auf und starrt seinen Bruder eine Sekunde lang feindselig an – mit schwerer Zunge* Werd hier – bloß nich frech. *Dann unvermittelt* Aber hast Recht. Nachträgliches Jammern bringt nichts! Die Dicke Dolly issen nettes Mädchen. Bin froh, dass ich bei ihr war. Ein Akt christlicher Nächstenliebe. Hat sie aufgemuntert. Mordsspaß gehabt. Hätt'st einfach mitkommen sollen, Kleiner. Hätte dich auch abgelenkt von deinen Problemen. Ist doch sinnlos, zu Hause deprimiert rumzuhocken, wegen was, das nicht zu ändern ist. Alles vorbei – endgültig gelaufen – absolut hoffnungslos! *Er schweigt, stockt, sein Kopf sinkt betrunken nach vorn, die Augen fallen ihm zu – dann blickt er plötzlich mit harter Miene auf und zitiert höhnisch.*

»Und hängt ihr mich auch noch so hoch,
O Mutter, liebste Mutter mein,
Die eine Liebe bleibt mir doch ...«

EDMUND *heftig* Schnauze!

JAMIE *grausam, höhnisch und hasserfüllt* Wo steckt denn unsere Drogistin? Schon weggeduselt?
Edmund zuckt wie unter einem Schlag zusammen. Angespanntes Schweigen. Edmund wirkt hinfällig und krank. Dann springt er in einem Wutausbruch auf.

EDMUND Du Drecksau!

Er schlägt seinen Bruder mit der Faust ins Gesicht, der Hieb gleitet seitlich an der Wange ab. Jamie reagiert im ersten Moment kämpferisch, kommt halb aus dem Sessel hoch, um sich zu prügeln, aber dann scheint er plötzlich wieder nüchtern zu werden und erschrocken zu begreifen, was er da eben gesagt hat. Er sinkt schlaff in den Sessel zurück.

JAMIE *kläglich* Danke, Kleiner. Hab's nicht anders verdient. Weiß der Henker, warum ich – mein besoffenes Gefasel – du kennst mich ja, Kleiner.

EDMUND *Sein Zorn verebbt.* Ich weiß, du würdest so was sonst nicht sagen – Aber, Herrgott nochmal, Jamie, der Suff entschuldigt schließlich nicht alles! *Er schweigt. Kläglich* Tut mir Leid, dass ich dich geschlagen habe. Wir zwei prügeln uns doch sonst nie – wenigstens nicht so. *Er sinkt auf seinen Sessel zurück.*

JAMIE *heiser* Schon gut. Hast mir einen Gefallen getan damit. Ich hab ein Schandmaul. Würd mir am liebsten die Zunge rausreißen. *Er verbirgt das Gesicht in den Händen. Dumpf* Ich bin einfach total fertig. Weil ich auf Mama diesmal wirklich reingefallen bin. Ich hab echt geglaubt, jetzt hat sie's im Griff. Sie glaubt, ich würde immer nur das Schlimmste erwarten, aber diesmal habe ich das Beste gehofft. *Seine Stimme schwankt.* Ich kann's ihr wohl nicht verzeihen – noch nicht. Es ist so wichtig für mich. Ich hab gedacht, wenn sie's schafft, dann schaff ich's vielleicht auch. *Er schluchzt, und schrecklicherweise klingt es echt und nicht wie das rührselige Weinen eines Betrunkenen.*

EDMUND *versucht ebenfalls seine Tränen zu unterdrücken* Ich weiß ja, wie dir zumute ist! Hör jetzt auf damit, Jamie!

JAMIE *kämpft gegen sein Schluchzen an* Ich weiß über Mama doch schon so viel länger Bescheid als du. Das vergess ich nie, wie ich ihr das erste Mal auf die Schliche gekommen bin. Ich hab sie erwischt, als sie sich gerade einen Schuss setzen wollte. Ich wäre doch nie im Leben auf die Idee gekommen, dass außer Nutten auch noch andere Frauen an der Nadel hängen! *Er schweigt.* Und jetzt kriegst du auch noch die Schwindsucht! Das gibt mir den Rest. Wir sind schon immer mehr gewesen als nur Brüder. Außer dir hab ich nie einen Kumpel gehabt. Ich mag dich ehrlich, Kleiner. Ich würde alles für dich tun.

EDMUND *streckt die Hand aus und tätschelt ihm den Arm* Das weiß ich, Jamie.

JAMIE *weint nicht mehr – lässt die Hände sinken – sonderbar bitter* Aber Mama und der alte Harpagon haben dir wahrscheinlich so oft diesen Mist eingeredet, ich würde immer nur das Schlimmste erwarten, dass du garantiert glaubst, ich würde mir jetzt Folgendes überlegen: Papa ist alt und wird's nicht mehr lange machen, und wenn du auch stirbst, dann erben Mama und ich alles, also hoffe ich vermutlich darauf –

EDMUND *empört* Du Idiot! Wie kommst du denn auf so was? *Er starrt seinen Bruder vorwurfsvoll an.* Ja, das möchte ich jetzt wirklich wissen, wie du auf die hirnrissige Idee kommst.

JAMIE *verwirrt – wirkt wieder betrunken* Stehst du auf der Leitung? Was hab ich dir eben gesagt? Wenn einem ewig unterstellt wird, dass man immer nur das Schlimmste erwartet, dann kann man am Ende gar nicht mehr anders – *Dann betrunken und vorwurfsvoll* Was wirfst du mir eigentlich vor? Spiel hier bloß nicht den Klugscheißer! Ich weiß tausendmal besser, wie's im Leben zugeht, als du! Glaub ja nicht, du kannst mir was vormachen, bloß weil du einen Haufen hochgestochener Bücher gelesen hast. Dir kleben ja noch die Eierschalen hinter den Ohren. Mamis kleiner Liebling und Papis Herzblatt. Der Hoffnungsträger der Familie! Bist in letzter Zeit reichlich aufgeblasen. Wieso eigentlich? Wegen der paar Gedichte in diesem Käseblatt etwa? Scheiß was drauf, da hab ich für die Literaturzeitung am College bessere Sachen geschrieben! Komm wieder auf den Teppich, Mann! So umwerfend ist das auch nicht! Lässt dir von irgendwelchen Saftärschen in einem Provinznest Honig ums Maul schmieren von wegen der großartigen Zukunft, die angeblich vor dir liegt.

Jamie ist plötzlich zerknirscht und voller Selbstekel. Edmund hat sich von ihm abgewandt und versucht, seine Tirade zu überhören. Scheiße. Vergiss es, Kleiner. Hab's nicht so gemeint, das weißt du. Ist doch mein ganzer Stolz, dass du allmählich Erfolg hast. *Betrunken auftrumpfend* Hab auch allen Grund, stolz zu sein, oder nich? Purer Egoismus. Dein Ansehen färbt auf mich ab. Hab mich ja schließlich auch am meisten um deine Erziehung gekümmert. Hab dich über die Frauen aufgeklärt, damit du später keine Pleiten erlebst oder unnötig Dummheiten machst! Und wer hat dich zuerst dazu gebracht, Gedichte zu lesen? Zum Beispiel Swinburne? Ich! Und weil ich früher selber mal solche Ambitionen hatte, hab ich dir den Floh ins Ohr gesetzt, dass du später mal Dichter wirst! Du bist wirklich mehr als nur mein Bruder. Ich habe dich erschaffen! Du bist mein Geschöpf! Mein Frankenstein!

Er hat sich in einen Ton betrunkener Arroganz hineingesteigert. Edmund lächelt jetzt amüsiert.

EDMUND   Na schön, dann bin ich eben dein Frankenstein. Darauf trinken wir jetzt was. *Er lacht.* Du Spinner!
JAMIE *mit schwerer Zunge*   Ich trinke was. Du nicht. Muss auf dich aufpassen. *Er greift mit einem dümmlich-fürsorglichen Lächeln nach Edmunds Hand.* Mach dir mal keine Sorgen wegen des Sanatoriums. Das schaffst du doch leicht. In sechs Monaten bist du wieder topfit. Wahrscheinlich hast du gar nicht die Schwindsucht. Lügen doch alle wie gedruckt, die Ärzte. Mir haben sie schon vor ein paar Jahren prophezeit, ich würd bald unterm Rasen liegen, wenn ich nicht mit dem Saufen aufhör – und ich leb immer noch. Eine Bande von Betrügern ist das. Die sind doch bloß scharf auf dein Geld. Und diese Sozialklinik ist garantiert auch so 'ne politische Gaunerei. Für jeden Patienten, den sie da reinstecken, kassieren die Ärzte Prozente.
EDMUND *amüsiert und angeekelt*   Du bist doch wirklich das Letzte. Du wirst auch noch beim Jüngsten Gericht rumlaufen und erzählen, das Ganze sei eine einzige Schiebung.
JAMIE   Stimmt ja auch. Wer dem Herrn und Richter was zustecken kann, der ist gerettet, aber wenn du pleite bist, dann fährst du zur Hölle!
Er grinst über diese Blasphemie. Edmund muss lachen.
»Darum, steck Geld in deinen Beutel.« Dann läuft's wie geschmiert. *Spöttisch* Mein Erfolgsrezept! Sieh nur, wie weit ich damit gekommen bin!
Er lässt Edmunds Hand los, um sich ein großes Glas einzuschenken, und kippt es auf einen Zug. Er schaut seinen Bruder verschwommen-liebevoll an – nimmt wieder seine Hand und redet mit schwerer Zunge, aber sonderbar aufrichtig und überzeugend.
Hör zu, Kleiner, du gehst bald fort. Wir kommen vorher vielleicht nicht mehr groß zum Reden. Oder ich bin nicht so besoffen, dass ich dann mit der Wahrheit rausrücke. Muss es dir also jetzt sagen. Hätt 's dir schon längst verklickern sollen – anstandshalber.
Er schweigt – ringt mit sich. Edmund mustert ihn beeindruckt und unbehaglich. Jamie sprudelt los.
Ist jetzt kein besoffenes Gefasel, sondern die reine Wahrheit. Heißt doch auch »in vino veritas«. Nimm's also gefälligst ernst. Wollte

dich warnen – vor mir. Mama und Papa haben Recht. Hab einen schlechten Einfluss gehabt auf dich. Und das Üble ist – es war Absicht.

EDMUND *beklommen* Sei still! Ich will das nicht hören –

JAMIE Nix da, Kleiner! Du sperrst jetzt die Lauscher auf! Es war Absicht. Ich wollte, dass du ein Versager wirst. Zumindest ein Teil von mir wollte das. Ein großer Teil. Der schon so lange tot ist. Der das Leben hasst. Dass ich dich über vieles aufgeklärt hab, damit du nicht dieselben Fehler machst wie ich, das hab ich manchmal sogar selber geglaubt. Aber das ist Quatsch. Wollte damit bloß meine Fehler beschönigen. Das Saufen romantisch verklären. Hab dir die Huren als faszinierende Verführerinnen hingestellt, statt als die bedauernswerten, dummen, verseuchten Kreaturen, die sie in Wahrheit sind. Hab dir weisgemacht, Arbeit sei nur was für Trottel. Hab nie gewollt, dass aus dir was wird und ich dann noch mieser da stehe. Ich wollte, dass du ein Versager wirst. War schon immer eifersüchtig auf dich. Mamis kleiner Liebling und Papis Herzblatt! *Er blickt Edmund immer feindseliger an.* Und mit deiner Geburt fing Mamas Sucht an. Dafür kannst du nichts, klar, das weiß ich, aber verdammt nochmal, deswegen hasse ich dich trotzdem wie die Pest –!

EDMUND *fast ängstlich* Jamie! Hör auf damit. Du bist ja wahnsinnig!

JAMIE Dass du mir das jetzt nicht in den falschen Hals kriegst, Kleiner. Meine Zuneigung zu dir ist größer als mein Hass. Sonst hätt ich dir das jetzt alles gar nicht gesagt. Ich riskier ja dabei, dass du mich jetzt hasst – und ich hab doch nur noch dich. Die letzte Sache vorhin, das wollte ich eigentlich nicht sagen – wollte nicht so weit zurück in die Vergangenheit. Keine Ahnung, warum ich's trotzdem gemacht hab. Und jetzt hör zu, ich wünsche dir, dass du Riesigerfolg hast. Aber sieh dich vor. Denn ich werde alles dransetzen, das zu verhindern. Ich kann nicht anders. Ich hasse mich selbst dafür. Ich muss mich rächen. An allen. Vor allem an dir. Oscar Wilde hat in »Reading Gaol« die Sache total verdreht. Der Kerl war gestorben, darum musste er das töten, was er liebt. So rum stimmt's. Der Teil, der von mir gestorben ist, hofft, dass du nicht wieder gesund wirst. Er freut sich vielleicht sogar, dass Mama wieder voll drauf

ist! Er braucht Gesellschaft, er will nicht die einzige Leiche hier im Haus sein! *Er lacht hart und gequält.*
EDMUND Jamie! Jetzt bist du wirklich übergeschnappt!
JAMIE Denk mal drüber nach, dann merkst du schon, dass ich Recht habe. Denk im Sanatorium drüber nach, wenn du weg von mir bist. Du musst mich wie einen Aussätzigen behandeln – streich mich aus deinem Leben – stell dir vor, ich sei gestorben – sag den Leuten: »Ich hatte mal einen Bruder, aber der ist gestorben.« Und wenn du zurückkommst, dann sei auf der Hut. Ich werde »meinen alten Kumpel« freudig begrüßen und in die Arme schließen und dir bei der ersten günstigem Gelegenheit in den Rücken fallen.
EDMUND Halt die Klappe. Diesen Schwachsinn hör ich mir keine Sekunde länger an –!
JAMIE *als hätte er nichts gehört* Also vergiss mich nicht. Denk dran, ich hab dich gewarnt – damit dir nichts passiert. Das musst du mir zugute halten. Niemand hat größere Liebe denn die, dass er seinen Bruder vor sich selbst rettet. *Sehr betrunken, der Kopf sackt ihm nach vorn.* Das war's. Jetzt geht's mir besser. Hab alles gebeichtet. Krieg von dir auch die Absolution, nich wahr, Kleiner? Du kapierst das schon. Bist 'n verdammt feiner Kerl. Is ja auch kein Wunder. Hab dich schließlich selbst dazu gemacht. Also sieh zu, dass du wieder gesund wirst. Stirb mir bloß nich weg. Ich hab nur noch dich. Gott befohlen. Sense.
Er döst betrunken ein, schläft aber nicht richtig. Edmund vergräbt das Gesicht verzweifelt in den Händen. Tyrone kommt durch die Drahtgittertür leise von der Veranda herein. Sein Morgenrock ist vom Nebel durchnässt, er hat den Kragen hochgeschlagen. Seine Miene ist ernst und angewidert, zugleich aber auch mitleidig. Edmund merkt nicht, dass er ins Zimmer kommt.
TYRONE *leise* Na, Gott sei Dank schläft er jetzt.
Edmund schreckt hoch.
Ich hab schon gedacht, der hört gar nicht mehr auf zu reden. *Er klappt den Kragen seines Morgenrocks herunter.* Das Beste ist, wir lassen ihn da einfach hocken und seinen Rausch ausschlafen.
Edmund schweigt weiterhin. Tyrone mustert ihn – fährt dann fort.
Den Schluss seiner Suada hab ich noch mitgekriegt. Genau davor

hab ich dich immer gewarnt. Wo du's jetzt aus seinem eignen Mund gehört hast, glaubst du es hoffentlich.
Edmund scheint nichts gehört zu haben. Tyrone fügt mitleidig hinzu.
Aber nimm's dir nicht zu sehr zu Herzen, Junge. Wenn er betrunken ist, macht er sich gern noch schlechter, als er ist. Er liebt dich abgöttisch. Das ist noch das einzig Gute an ihm. *Er blickt mit bitterer Trauer auf Jamie.* Welch holder Anblick! Mein Ältester, der meinen Namen würdig und in Ehren tragen sollte, der so viel hoffen ließ!

EDMUND *kläglich* Sei doch still, Papa, bitte.

TYRONE *gießt sich ein Glas ein* Vergeudet! Eine Ruine, ein abgesoffenes Wrack, kaputt und am Ende!

Er trinkt. Jamie ist unruhig geworden, er spürt die Gegenwart seines Vaters und kämpft gegen seine Benommenheit an. Jetzt öffnet er die Augen und blinzelt zu Tyrone hoch. Tyrone weicht einen Schritt zurück, seine Miene verhärtet sich.

JAMIE *deutet plötzlich mit dem Finger auf ihn und zitiert dramatisch*

»Clarence ist da, der eidvergessne Clarence,
Der mich im Feld bei Tewksbury erstach,
Ergreift ihn, Furien! spannt ihn auf die Folter!«

Dann ärgerlich Was glotzt du mich so an? *Er zitiert sarkastisch ein Rossetti-Gedicht.*

»Schau mich nur an. Man nennt mich ›Hätte-sein-können‹,
Auch heiß ich ›Nimmermehr‹, ›Zu spät‹, ›Lebwohl‹.«

TYRONE Das ist mir klar, und, bei Gott, ich will's nicht sehen.

EDMUND Papa! Schluss jetzt!

JAMIE *höhnisch* Ich hab eine fabelhafte Idee, Papa. Was hältst du denn von einer Wiederaufnahme von Molières »Geizigen«. Da gibt's 'ne tolle Rolle für dich, die kannst du ohne Kostüm und Maske spielen. Den alten Harpagon, den Geizkragen!
Tyrone wendet sich ab und ringt um seine Beherrschung.

EDMUND Halt's Maul, Jamie!

JAMIE *höhnisch* Ich sag dir was: Dein großer Edwin Booth hat in seinem ganzen Leben nie so eine gute Vorstellung abgeliefert wie ein dressierter Seehund. Seehunde sind nämlich intelligente und anständige Viecher. Die blähen sich nicht auf mit ihrer hehren Schauspielkunst. Die geben zu, dass sie bloß arme Schmierenkomödianten sind, die sich ihre Tagesration Fisch verdienen müssen.

TYRONE *tief getroffen, zornig* Du Drecksack!

EDMUND Papa! Mach hier nicht so einen Krach. Willst du, dass Mama runterkommt? Und du schläfst jetzt wieder, Jamie. Du hast die Klappe schon zu weit aufgerissen.

Tyrone wendet sich ab.

JAMIE *mit schwerer Zunge* Okay, Kleiner. Ich such keinen Streit. Bin viel zu müde.

Er schließt die Augen, der Kopf sinkt ihm nach vorn. Tyrone kommt an den Tisch, setzt sich und dreht den Sessel so, dass er Jamie nicht sehen kann. Auch er wird sofort schläfrig.

TYRONE *langsam* Hoffentlich geht sie bald ins Bett, dann kann ich mich endlich auch hinlegen. *Schläfrig* Ich bin hundemüde. Ich schaffe es nicht mehr, die ganze Nacht wach zu bleiben so wie früher. Ich werde alt – alt und ausgelaugt. *Er gähnt herzhaft.* Mir fallen gleich die Augen zu. Ich mach mal ein kleines Nickerchen. Würde dir auch gut tun, Edmund. Dann vergeht die Zeit schneller, bis sie –

Seine Stimme wird unhörbar, die Augen fallen zu, der Unterkiefer sackt nach unten, und er beginnt, laut durch den Mund zu atmen. Edmund sitzt angespannt da. Er hört etwas, beugt sich beunruhigt im Sessel nach vorn und starrt durch den Salon in die Diele hinaus. Er springt mit gehetztem, verzerrtem Gesicht auf. Einen Augenblick lang will er durch das Durchgangszimmer fliehen. Dann setzt er sich mit abgewandtem Blick wieder hin, die Hände um die Lehnen gekrallt. Plötzlich flammen alle fünf Lampen des Leuchters im Salon auf, und gleich darauf hört man auf dem Klavier die ersten Takte eines einfachen Chopin-Walzers – es klingt tastend, steif, ungelenk, so als ob würde eine ungeschickte Schülerin das Stück gerade üben. Tyrone fährt hoch, hellwach, ernüchtert und voller Angst. Jamie reißt den Kopf hoch und öffnet die Augen. Sie lau-

schen wie versteinert. Das Klavierspiel bricht so unvermittelt ab, wie es begonnen hat, und Mary erscheint in der Tür. Sie trägt einen hellblauen Morgenmantel über dem Nachthemd und zierliche Pantoffeln mit Bommeln an den unbestrumpften Füßen. Sie ist blasser denn je. Ihre Augen sind riesig und glänzen wie geschliffenes schwarzes Glas. Das Gesicht ist unheimlich in seiner Jugendlichkeit. Alle Lebensspuren sind daraus getilgt – eine marmorne Maske mädchenhafter Unschuld mit einem starren und scheuen Lächeln auf den Lippen. Das weiße Haar hängt ihr in zwei geflochtenen Zöpfen über Schultern und Brust. Achtlos, sodass es hinter ihr auf dem Boden schleift, trägt sie über dem einen Arm, als hätte sie es vergessen, ein altmodisches, mit Seidenspitze besetztes Brautkleid aus weißem Satin. Sie bleibt unentschlossen in der Tür stehen und schaut sich um, die Stirn nachdenklich in Falten gelegt, als hätte sie etwas aus dem Zimmer holen wollen, was ihr unterwegs entfallen ist. Alle drei starren sie an. Sie schenkt ihnen nicht mehr Beachtung als der Einrichtung, den Möbeln und Fenstern, von denen sie weiß, dass sie hierher gehören, von denen sie aber in ihrer Entrücktheit keine Notiz nimmt.

JAMIE *bricht das lastende Schweigen – bitter, in sarkastischer Abwehr* Die Wahnsinnsszene! Auftritt Ophelia!
Sein Vater und sein Bruder stürzen sich gleichzeitig auf ihn. Edmund kommt Tyrone zuvor und schlägt Jamie mit dem Handrücken über den Mund.

TYRONE *mit zornbebender Stimme* Richtig so, Edmund. Diese Dreckschleuder. Die eigene Mutter derart –

JAMIE *murmelt schuldbewusst, ohne Wut* Okay, Kleiner. Geschieht mir recht. Aber ich hab dir ja gesagt, wie sehr ich gehofft hatte, dass sie es diesmal – *Er schlägt die Hände vors Gesicht und schluchzt.*

TYRONE Morgen fliegst du hier hochkant raus, Gott ist mein Zeuge. *Aber Jamies Schluchzen besänftigt ihn, er rüttelt ihn an der Schulter und fleht.*
Jamie, um Himmels willen, bitte, hör auf damit!
Als Mary spricht, erstarren die drei wieder in reglosem Schweigen und schauen sie an. Sie hat den Zwischenfall überhaupt nicht be-

achtet. Für sie war dies nur Teil der gewohnten Atmosphäre in diesem Zimmer, ein Hintergrund, der sie nicht weiter berührt. Sie spricht laut mit sich selbst, nicht zu den anderen.
MARY Das war miserabel gespielt. Ich bin völlig aus der Übung. Schwester Theresa wird mich fürchterlich ausschimpfen. Das sei meinem Vater gegenüber nicht anständig, wird sie sagen, wo er doch so viel Geld für die Privatstunden ausgibt. Und sie hat ja Recht, es ist nicht anständig von mir, wo er doch so gut und großzügig und stolz auf mich ist. Ich werde ab jetzt jeden Tag üben. Aber irgendetwas Schreckliches ist mit meinen Händen passiert. Meine Finger sind ganz steif – *Sie hebt die Hände und betrachtet sie ängstlich erschrocken und verwirrt.* Die Knöchel sind geschwollen. Ganz hässlich sind sie. Ich muss in die Krankenstube zu Schwester Martha. *Mit einem rührend liebevollen, vertrauensseligen Lächeln* Sie ist zwar alt und ein bisschen schrullig, aber ich mag sie trotzdem, und in ihrem Arzneischrank hat sie alle möglichen Mittel. Sie wird mir etwas zum Einreiben für meine Hände geben und mir sagen, ich soll zur Heiligen Jungfrau beten, und im Nu sind meine Hände wieder gut. *Sie vergisst ihre Hände und tritt ins Zimmer, das Hochzeitskleid schleift hinter ihr her. Sie schaut sich mit gerunzelter Stirn wieder unschlüssig um.* Also, was habe ich hier eigentlich gesucht? Ich bin so schrecklich zerstreut. Immer träume ich vor mich hin und vergesse dann alles.
TYRONE *mit erstickter Stimme* Was hat sie da über dem Arm, Edmund?
EDMUND *dumpf* Ihr Brautkleid vermutlich.
TYRONE O Gott! *Er steht auf und stellt sich ihr in den Weg. Gequält* Mary! Ist es denn noch nicht schlimm genug –?
Beherrscht sich – freundlich zuredend Komm, ich nehm's dir ab, Liebling. Sonst trittst du noch drauf, und es zerreißt und wird schmutzig, wenn du es so schleifen lässt. Und nachher bist du traurig.
Sie lässt sich das Kleid abnehmen. Ihr Blick streift ihn wie von fern, es steht kein Wiedererkennen darin, weder Zuneigung, Liebe noch Hass.
MARY *mit der scheuen Höflichkeit eines wohlerzogenen jungen Mäd-*

chens gegenüber einem älteren Herrn, der ihr etwas abnimmt Vielen Dank. Das ist sehr freundlich von Ihnen. *Sie betrachtet das Brautkleid verwirrt und interessiert.* Ein Brautkleid. Und ein besonders schönes, finden Sie nicht? *Ein Schatten huscht über ihr Gesicht, und sie wirkt etwas beunruhigt.* Ah, jetzt weiß ich's wieder. Ich hab's in einer Truhe auf dem Dachboden gefunden. Was wollte ich nur damit? Ich werde nämlich Nonne – aber dazu muss ich erst etwas wieder finden – *Sie schaut sich mit gerunzelter Stirn im Zimmer um.* Wonach suche ich bloß? Etwas, das ich verloren habe, soviel weiß ich. *Sie weicht vor Tyrone wie vor einem Hindernis in ihrem Weg zurück.*

TYRONE *hoffnungslos bittend* Mary!
Aber er dringt nicht zu ihr durch. Sie scheint ihn überhaupt nicht zu hören. Er gibt den Versuch auf und zieht sich in sich selbst zurück. Der dünne Schutz seiner Betrunkenheit fällt von ihm ab. Er sinkt angeschlagen und nüchtern auf den Sessel zurück, birgt das Brautkleid beschützend und mit unbewusster, unbeholfener Zärtlichkeit in den Armen. Jamie nimmt die Hand vom Gesicht. Sein Blick bleibt auf den Tisch gesenkt. Auch er ist plötzlich nüchtern.

JAMIE *matt* Es hat keinen Sinn, Papa. *Er zitiert schlicht und mit trauriger Bitterkeit Swinburnes »Leavetaking«.*

»Kommt jetzt, wir brechen auf: Sie weiß es nicht.
Zur See hin, wo die großen Winde wehn,
Voll Flugsand und voll Schaum. Wer sie erweckt?
Keiner weckt sie – weil so die Dinge gehn,
Und weil die Welt wie Tränen bitter schmeckt.
Ja, sag's ihr nur: So bitter wie Verzicht –
Sie weiß es nicht.«

MARY *sich umschauend* Etwas, das ich schmerzlich vermisse. Ich kann es doch nicht ganz verloren haben. *Sie will hinter Jamies Sessel vorbeigehen.*

JAMIE *dreht sich um und schaut ihr ins Gesicht – und muss sie nun auch bittend anflehen* Mama!
Sie scheint es nicht zu hören. Er sieht resigniert weg.
Ach was! Wozu noch? Das ist alles umsonst.

Er zitiert mit wachsender Bitterkeit wieder aus dem Swinburne-Gedicht.

»Kommt jetzt, ihr Lieder, mit: Sie hört euch nicht.
Geht mit mir ohne Furcht, so lauft, lauft weit,
Und singt nicht weiter. Still jetzt, denn zerstiebt
Ist unser Glück und alle schöne Zeit.
Sie liebt uns nicht, so wie wir sie geliebt.
Und wär's ein Engel, der da zu ihr spricht,
Sie hört es nicht.«

MARY *sich umschauend* Ich brauche es unbedingt. Als ich es noch hatte, war ich nie allein und hatte keine Angst, das weiß ich genau. Ich kann es doch nicht für immer verloren haben. Wenn das so wäre, könnte ich nicht mehr weiterleben. Denn dann gäbe es keine Hoffnung mehr. *Sie geht wie eine Schlafwandlerin hinter Jamie vorbei, dann vorn um den Tisch, und bleibt hinter Edmund stehen. Edmund dreht sich impulsiv um und packt sie am Arm. Sein Appell klingt wie der eines verwirrten und verletzten kleinen Jungen.*
EDMUND Mama! Ich habe keine Sommergrippe! Ich habe Schwindsucht!
Edmund scheint Mary für einen Augenblick erreicht zu haben. Sie zittert, und ihre Miene drückt Entsetzen aus. Dann, als riefe sie sich selbst zur Ordnung
MARY Nein! *Sie ist sofort wieder weit entfernt. Sie murmelt sanft, aber unpersönlich.* Ihr dürft mich nicht anrühren. Ihr dürft mich nicht festhalten. Das gehört sich nicht, ich will doch Nonne werden.
Edmund lässt ihren Arm los, seine Hand sinkt herunter. Sie geht nach rechts vorn zum Sofa unter der Fensterreihe und setzt sich auf das vordere Eck, das Gesicht nach vorn, die Hände im Schoß gefaltet wie ein artiges Schulmädchen.
JAMIE *bedenkt Edmund mit einem seltsamen, aus Mitleid und eifersüchtiger Schadenfreude gemischten Blick* Du Idiot. Das bringt doch nichts. *Er zitiert wieder aus dem Swinburne-Gedicht.*

»Komm, lasst uns fort, hinweg: Sie sieht uns nicht.
Singt ihr noch einmal auf, denn das wird ihr

Gewiss ein Echo sein aus unserer Zeit von einst.
Seht, wie sie, halb sich wendend, seufzt. Doch wir,
Wir sind schon weit. Es hilft nichts, dass du weinst,
Nein, nein, und wenn es dir die Seele bricht,
Sie sieht es nicht.«

TYRONE *versucht, seine lähmende Hoffnungslosigkeit abzuschütteln* Wir sind selber schuld, wenn wir das ernst nehmen. Aus ihr spricht doch jetzt nur das verfluchte Gift. Aber dass sie so tief darin versinkt, das habe ich noch nie erlebt. *Barsch* Her mit der Flasche, Jamie, und keine Zeile mehr von diesem morbiden Zeug. So was dulde ich nicht in meinem Haus!
Jamie schiebt ihm die Flasche zu. Er gießt sich ein, achtet aber sorgsam darauf, dass das Kleid über seinen Armen und in seinem Schoß nicht verrutscht. Er schiebt die Flasche zurück. Auch Jamie gießt sich ein und gibt die Flasche an Edmund weiter, der sich gleichfalls einschenkt. Tyrone hebt sein Glas, die Söhne prosten ihm mechanisch zu, aber bevor sie trinken können, spricht Mary weiter, und sie stellen die Gläser langsam auf den Tisch und vergessen sie.
Mary schaut verträumt vor sich hin. Ihr Gesicht wirkt ausgesprochen jugendlich und unschuldig. Ein scheues, beflissenes, zutrauliches Lächeln begleitet ihr halblautes Selbstgespräch.
MARY Ich habe mit Mutter Elisabeth gesprochen. Sie ist so freundlich und so gütig. Eine echte Heilige. Ich habe sie sehr lieb. Vielleicht ist es ja eine Sünde, aber ich liebe sie mehr als meine eigene Mutter. Weil sie immer weiß, was man auf der Seele hat, auch wenn man noch gar nichts gesagt hat. Mit ihren freundlichen blauen Augen schaut sie einem direkt ins Herz. Vor ihr kann man einfach nichts verbergen. Selbst wenn man so gemein wäre, es zu versuchen, man könnte ihr gar nichts vormachen. *Sie wirft den Kopf eigensinnig zurück. Mit mädchenhaftem Unwillen* Aber diesmal war sie nicht besonders verständnisvoll. Ich habe ihr erzählt, dass ich Nonne werden will. Ich habe ihr erklärt, wie sicher ich mir meiner Berufung bin, und dass ich zur Heiligen Jungfrau gebetet habe, damit sie mir Gewissheit gibt und mich auch für würdig befindet. Ich

habe der Ehrwürdigen Mutter erzählt, mir sei eine echte Vision zuteil geworden, als ich am Altar von Unserer Lieben Frau von Lourdes auf der kleinen Insel im See gebetet habe. Und so gewiss, wie ich dort gekniet habe, wüsste ich auch, dass die Heilige Jungfrau gelächelt und mir ihren Segen zu meinem Entschluss erteilt hätte. Doch Mutter Elisabeth hat gemeint, da müsste ich mir schon noch etwas sicherer sein, ich müsse beweisen, dass es nicht nur eine Einbildung gewesen sei. Sie hat gesagt, wenn ich so sicher wäre, dann würde ich mich mit Freuden auch einer Prüfungszeit unterziehen. Ich sollte nach dem Schulabschluss nach Hause gehen und so leben wie andere Mädchen, Gesellschaften und Bälle besuchen und mich amüsieren. Und wenn ich nach ein oder zwei Jahren immer noch nicht wankelmütig geworden wäre in meinem Entschluss, dann solle ich sie wieder aufsuchen, und wir könnten noch einmal darüber reden. *Sie wirft den Kopf zurück. Empört* Das hätte ich mir nie träumen lassen, dass mir die Mutter Oberin einen solchen Rat geben würde! Ich war richtig schockiert. Ich habe gesagt, natürlich würde ich ihr in allem folgen, aber ich wüsste, es sei pure Zeitverschwendung. Nach unserem Gespräch war ich so durcheinander, dass ich am Altar der Heiligen Jungfrau gebetet habe, und da fand ich meinen Seelenfrieden wieder, denn ich wusste, dass sie mein Gebet hört und mich immer lieben und vor allem Unheil beschützen wird, solange ich meinen Glauben an sie nicht verliere. *Sie schweigt, und ihre Miene wird unbehaglicher. Sie fährt sich mit der Hand über die Stirn, als wolle sie einen klaren Kopf bekommen. Unbestimmt* Das war im Winter des letzten Schuljahrs. Im Frühjahr ist dann irgendetwas passiert. Ja, ich erinnere mich. Ich habe mich in James Tyrone verliebt und war so glücklich, eine Zeit lang.
Sie starrt, in traurige Träume versunken, vor sich hin. Tyrone setzt sich in seinem Sessel zurecht. Edmund und Jamie verharren reglos.

Vorhang

Tao House
20. Dezember 1940